「気にしすぎてうまくいかない」がなくなる本

大嶋信頼

あさ出版

プロローグ

「それって気にしすぎだよ～」

みなさんは周りの人からそんなことをよく言われたりしていませんか？

「周りの目を気にしてしまう」
「知らない人と話すと緊張してうまくしゃべれない」
「先のことばかりが気になって前に進めない」
「どうせ自分はと思ってしまい、自信が持てない」などなど。

これらはみんな「気にしすぎ」からくるものです。

気にしすぎるというのは意識がすごく働いている状態を言います。
人は、意識すればするほど、いろんなことに不安になったり、怒ったりします。すると、脳の緊張がどんどん高まり、意識が暴走しはじめます。そして、最終的に意識が想像した不幸が現実になってしまう……。

これが「気にしすぎてうまくいかない」原因です。

この本では、意識と無意識を楽しく紹介しながら、対人関係や仕事、そして日常などのあらゆるシーンで、無意識が使えるようになる方法を紹介していこうと思っています。それは、私がそうだったように、「気にしすぎる人たち」が、無意識の力で少しでもラクに生きていけるようになってほしいからです。

無意識は、私の周りにあった、たくさんの「うまくいかないこと」をきれいに消し去ってくれました。それをみなさんにも体験してみてほしいのです。

ではさっそく本題に、と行きたいところですが、その前に、無意識の世界ってどんなものかちょっとだけ、私の経験からお話ししておきましょう。

私が、学生時代の話です。「試験勉強が間に合わないかも！」とほとんど眠れない生活がまるまる一週間続いたことがありました。

その試験の最終日前夜。私は「本をあと一冊読んで内容をすべて把握しなければ！」と思い、学校の図書館に一晩中こもって本を読み続けていました。

「もっと早く読んでおけばよかったのに」と後悔しましたが、試験の科目数がものすごく多く、範囲ものすごく広くて「追いつかない！」となっていたのでどうすることもできなかったのです。

私は、本を読みながら「明日の試験でまったく本の内容を覚えていなかったらどうしよう?」と不安になりました。なぜなら、眠気と闘いながら本を読んでいて、集中するのがものすごく困難だったから。

座っていたら睡魔がどんどん襲ってきます。「夢の世界へと連れて行かれては」と思い、私は立ちながら本を読み始めます。しかし、立っていても眠くなってしまい、ついに「立ったままなら熟睡はしないだろう、ちょっとだけ」と誘惑に負け、目を閉じてしまいました。

するといつの間にか私は夢の世界にいて、勉強をしていました。

夢の中の私は、

「この本の主人公は、あのようなことを考えていて、心理状態はこうだった」

と的確に本の内容を分析しています。

まだ、すべてを読み終わっていないのに、夢の中では内容を全部把握していて、そして試験に出るであろうポイントを次から次へと押さえていくのです。

「まるで夢のよう！」

と夢の中で思っている自分がいるから面白い。

そして、フッと目を開けて窓の外を見たら、「朝焼けが見える！」。長時間寝てしまったことに気が付いた私は、慌てて残りのページをめくって必死に頭に詰め込もうとしました。その時です。

「あれ？　これって夢の中で見ていた部分だ！」

なんと、夢で私が分析していたストーリー展開のままに本の内容が進んでいき「なんじゃこりゃ！」となったのです。

一度も目を通したことがなかった本のストーリーがいつの間にか頭の中に入っていて、「まだ夢を見ているのか？」と自分を疑いながらも、ページを読み飛ばしつつ読了しました。

本を読んだことで少しほっとした私は、一時間だけ仮眠を取り試験会場に向かうことにして、ベッドに横たわります。

すると再び夢の中。今度は勉強をしながら試験のポイントを自分で解説しているではありませんか。

「なるほど！」と夢の中で納得していると、やかましい目覚ましの音が……。ベッドから飛び起きた私は慌てて試験会場へ向かいました。そして、開始の合図でテスト用紙を裏返してみると……、

「え？　夢の中で見たままの問題が載っている！」

とびっくり。

最初から最後まで、夢の中で見たままの内容がテストの問題になっていて、

「これってすごいかも！　こんなこと初めて！」

という不思議な体験をしたのです。

その試験の結果はAプラス。私は思わず「やった～！」と飛び上がって喜びました。ほとんど勉強もせず、夢の中だけでAプラスの評価を取ったのです。

私はこれに味をしめ、「睡眠学習の本」や「睡眠学習ができるテープ」などを購入してもう一度〝あれ〟を再現しようと試みました。

「一度できたんだから、もう一度できるはず」

と思って、再び試験に臨んでみると、今度は、「まったく頭に入っていないんですけど……」と、焦りまくって結果はCマイナス。

取ってはいけない点数を取ってしまった私は「二度と睡眠学習なんか信用するか！」と、壁を叩いて悔しがりました。

それからしばらく、このエピソードのことは忘れていたのですが、催眠療法を習いはじめ「無意識」のことを考えるようになってから、再び面白い体験をします。

ある日の夢の中。カウンセリングしている私は、クライアントさんの地雷を踏んでしまい怒らせてしまいます。

「しまった。この対応は不正解だったんだ！」と思って、慌てて状況を収拾しようとしますが、クライアントさんの怒りは収まらず、大変な思いを夢の中ですることになりました。

翌朝、「あ〜、悪夢を見た」と不快な気分で目覚めます。

そして、職場に向かって、実際にクライアントさんを目の前にした時のことです。

「あれ？　この展開って夢のままだよね……」

なんと、夢の中と同じ話をクライアントさんがしているのです。

そして、夢の中の展開通りに話は進み、いよいよ運命の分岐点がやってきます。

「この時に私がAの選択をしてクライアントさんが怒り出したから、今度はB！」と選択すると、「セーフ」。

見事に地雷を踏まずに何事もなくカウンセリングが進んでいきます。

その時、私は「おー、これって学生時代のあの〝夢の中での勉強〟と一緒だ！」とちょっと感動します。

それは、誰にもわかってもらえない、誰にも共感してもらえない喜びでした。

ただ、喜びながらも私は「何で再び〝あれ〟が使えたんだろう？」と疑問に思います。

「なぜ、以前、一生懸命にマスターしようと思ってもできなかったことが、また夢の中で再現できたのか？」

このことを、当時習い始めていた催眠療法のお師匠さんに聞いてみたら「意識には限界がありますけど、無意識にはそれがありませんからね」とまるで当たり前のことのように話してくださいました。

この時のお師匠さんの「無意識には限界がない」という言葉に惹かれ、「無意識って何？」ということが無性に知りたくなり、私はどんどん無意識にのめりこんでいきました。

そして、無意識のことを知れば知るほど、私はそれまでの苦しみから解放され、「ちっともうまくいかない！」ということが、私の周りから静かになくなっていったのです。この時、お師匠さんの「無意識には限界がない」という言葉の意味が実感できたような気がしました。

この本に書かれている内容はこれまでの心理学の定義や科学的な根拠からはかなり外れているかもしれません。

でも、それは常識という意識的な枠組みを取り去って考えさせてくれたり、実行したりするのが無意識だからなのです。

きっと、無意識の世界に行かせないようにあなたの意識は抵抗をすることでしょう。

しかし、意識的な抵抗の先には、自由になり、豊かになる真実の世界が隠されています。

私はこれから、その意識が抵抗して隠そうとするお宝を、みなさんと一緒に探して行きたいと思います。本書を読むことで、一人でも多くの人が、無意識のすばらしい世界を手に入れられるよう、心から願っています。

プロローグ—3

第1章 なぜかつらい、うまくいかないは「意識」のせいだった

1 意識した途端にすべてがうまくいかなくなる!—22
意識って厄介者なの?/意識の悪循環でパニックに/意識という審判がホイッスルを連発?
2 意識という勘違いに振り回される人たち—28
自意識過剰な私の学生時代/マイナスの意識にプラスの意識が働く「恒常性」/意識的な人の特徴
3 意識するばかりに最終的に最悪な選択—34
「わかっている」のは「最悪」な結果?/結局決められず最悪の選択!

4 意識は本当は怖いもの？―38
よかれと思う気持ちが意識を呼び覚ます？／意識は楽しさも奪う／お互いが意識しあうことで最悪の結果も！

5 意識と脳の関係を整理しよう―43
緊張のスイッチが壊れると……／緊張＝意識状態

6 人の気持ちを考えるほど緊張が高まるのはなぜ？―46
脳が暴走し意識することが止まらない

第2章 「無意識」っていったい何者？

1 無意識は自信を生み出す源泉でもあった―50
ダメだと思えば思うほど自信が芽生える／意識のバランスを無意識がとっていた

2 自分に自信が持てる人と持てない人の違い—55
意識しているのは「人の目」／普段目を向けないところに無意識は隠れている？

3 完璧主義者ほど自信が持てない？—58
自信がないから完璧でなければと思う／完璧にできないからやらない／
自分に盲目な人ほど他人に厳しい

4 意識が自己評価を下げていた—62
意識、ダメ出し、ダメ出し、意識の悪循環／無意識に任せたら自由になった！

5 無意識のおかげで悩む時間ともサヨナラ—66
意識は自分の時間さえ奪ってしまう／無意識で本来の能力を発揮する

6 最強の味方「無意識」を引き出す方法はいくらでもある—70
無意識は努力をして引き出すものではない／無意識には限界がない！

第3章

「無意識」を味方にすれば人づき合いがラクになる

1 **伝染する緊張のもとを外に見つけてラクになる**―74
人の不安や緊張は伝染する／怒りも緊張も原因を取り除くことができれば収まる

2 **マイナスな口癖をやめると不安が消えてなくなる**―78
意識は口癖を使ってその現実を作り出している？／自分の口癖に注目すると自分の不安がわかる

3 **人の評価を気にしなくなる呪文「人の気持ちはわからない」**―82
相手の評価を気にすることから面倒くさい現実は始まる／「人の気持ちはわからない」のが当たり前

4 **自分の意識を疑えば苦手だったことも楽しくなる**―86
長所を過小評価しすぎていないか再認識しよう／苦手な読書も楽しくなればスラスラと要点だけ読める

5
尊敬できる人の行為を真似れば自分がどんどん好きになる——90
「何が起こるかわからない」が無意識を引き出す／真似が理想の自分を引き出す

6
正しさを追い求めることをやめれば心は疲れない——94
「正しいor間違っている」が不安を生み出す／楽しいor楽しくないという判断が心と行動に余裕を生む

7
人の無意識を使えれば日常はもっと楽しくなる——98
輝いて見える人は無意識で動いている？／頭の中での真似で相手の無意識を借りる

8
自分にきついあの人の態度を笑顔一つで軟化させる——102
こちらの反応で相手の態度が変わる／楽しいことだけ反応してみる

9
人を紹介する時はお互いを会わせる前に相手のことを褒めておく——106
余計な気遣いは不安しか生まない

第4章

「無意識」の力でつらかった仕事が楽しくなる

1 仕事のパフォーマンスを最大限に引き出すのが無意識——110
意識がバランスをとろうとして最悪な方向に！／苦手な仕事も楽しいで得意になる／楽しいという判断はチーム力も上げる

2 研究発表や大事なプレゼンの前日は十分睡眠をとる——115
無意識は寝ている間に大量の情報を処理している／ダメだと思った時ほど無意識の力を借りよう／寝ているうちに無意識がプレゼンのやり方を教えてくれた？

3 決めてしまえばプレッシャーは消えてなくなる——120
周りからの期待には応えなくてＯＫ／結局、周りの人の気持ちは誰にもわからない

4
起きてすぐスケジュールをチェックするだけで仕事が嘘のようにはかどる—124
無意識で一日の情報を整理する?／ボーッと目でスケジュールを追っているだけでいい!

5
アイディアがほしい時は単純作業が一番—130
ただひたすらに情報を見つめる／データや資料を眺めていればいい?

6
深く考えすぎず無意識に期待すると仕事がはかどる—134
単純な作業をしている時こそ無意識が発揮されやすい／わらしべ長者のように無意識が自分を引き上げてくれる

7
「自分褒め」で常にモチベーションを高く持つ—138
不安を現実にしてしまう意識を追い出せ!／「意識」という鬼を追い出し「無意識」という福を入れる

8
どうしても意識から抜けられない人はありえないぐらいの失敗をイメージする—144
意識が働かないぐらいありえないこととは?／「お客さんの前で裸踊り」をイメージ?

9 ミスを繰り返さないようにする苦手意識の消去法―148
苦手意識を消去します！／謙虚になると上司がただのおじさんに見えてくる？

10 集中して成果を上げるための場所とルーティンを見つけよう―152
ルーティンで無意識のスイッチをオン！／ものすごい成果を上げられた時あなたはどう動く？

11 商談を有利に進めるためのアンカリングの使い方―157
「ここぞ！」という場面で無意識を使う／アンカリングが別の原因を教えてくれた！

12 相手の無意識をくすぐりチームのやる気を引き出してみる―162
そこにないものを想像させ無意識を起動する／無意識が「仕事ができないチーム」を変えていく

エピローグ―166

本文イラスト　ナカミツデザイン

第1章

なぜかつらい、うまくいかないは「意識」のせいだった

1 意識した途端にすべてがうまくいかなくなる！

意識って厄介者なの？

何にも考えずに人と喋っている時は、「スムーズに会話が進んでいて楽しいなぁ〜」と思えるのですが、ふと「もし、会話が続かなくなったらどうしよう」と意識したとたん言葉がうまく出てこなくなり、会話が止まってしまいます。

そして、「チ〜ン！」とした沈黙で「会話を続けなきゃ！」と焦れば焦るほど、さらに言葉がうまく出てこなくなり「何でだ〜」となってしまう。

あるいはお皿洗いのお手伝いで、「おしゃれなお皿だな」と楽しい気分で洗っている時に、「結構高いんだろうな、コレを割ってしまったらどうしよう」と意識をした瞬間に手が滑ってパリンと割れてしまう。さっきまで、あんなに調子よく洗っていたのに急に「なぜ？」。

みなさんはこのような経験をしたことないでしょうか？

意識は本当に厄介です。

私は子供の頃、「人はどうやって呼吸をするんだろう？」と意識をしたことで「うまく息ができなくなった～！」となり、父親が運転する車の後部座席で苦しい思いをした経験があります。

「息が苦しい！」と両親に訴えても、「そんなの気にするからでしょ！」と言われます。

「意識しちゃったから苦しくなったのに、その苦しさを気にしないなんてどうやったらいいんだ！」

と思いながらも、一生懸命に自分で呼吸をしようとするのですが、なかなか苦しさが解消されず、私はいつの間にか苦しさの中で気を失ってしまいました。

意識の悪循環でパニックに

これって何が起こっているのでしょうか？

何にも考えないで喋っている時は、楽しく喋れていたのに、会話を意識したとたんに「あわわわ！」と言葉がうまく出てこなくなります。

すると「相手に不快感を与えたらどうしよう！」とか「嫌われたらどうしよう！」ということが勝手に浮かび、緊張で頭が真っ白になって、さらに「うわ〜、こんなんじゃ嫌われちゃう〜」と焦りはじめます。

そうして焦れば焦るほど意識が働いて「嫌われる〜」「見下される〜」などと、緊張の度合いが高くなり、うまく喋れなくなるという悪循環に陥ってしまうのです。

お皿の場合では、「意識する」は「高そうなお皿を割らないように気を付けなきゃ」ということ。それを、意識した瞬間に「洗うのが楽しい！」と思っていたことが「割ってしまったらどうしよう」というふうに切り替わってしまいます。

そうして、意識し出すと身体が自動的に緊張し、変なところに力が入ってしまい、手が滑ってお皿を割ってしまうのです。

もっと興味深いのは呼吸でしょう。

意識しなければ、私たちは自然に呼吸をしています。

私たちが意識して考えなくても呼吸は身体に必要な酸素を取り込んで、二酸化炭素を吐き出します。

運動して、酸素量が普段よりもたくさん必要になったら、呼吸は自然と早くなり酸素を取り込み、二酸化炭素を吐き出すサイクルが早くなります。

自然にやっていることを「どうやって呼吸しているんだっけ？」と意識してしまうと苦しくなってしまうのは「意識」することで「うまく呼吸ができなかったらどうしよう」と余計なことを考えてしまうから。

そうして、苦しくなると、「うわ〜！　どうしよう！」とパニックになるのです。

意識という審判がホイッスルを連発？

「意識」は「うまくいく or うまくいかない」という判断をします。

「正しい or 間違っている」や「善 or 悪」などを判断するのも意識。たとえるなら、自分の中に審判がいて、「それ間違っています」「ピ〜！」とホイッスルを鳴らされ、楽しんでいた試合を止められるような感じです。

「それ反則！」「それも間違い！」と意識がホイッスルを連続で鳴らすことで「思い通りにプレイができなくなった」という状態が「意識する」ということなのだと私は考えています。

人と会話をしていて「これを言ったら嫌われる！」「話し方が場を白けさせる」などと思い、意識が「ピッピ〜！」とホイッスルを連続で鳴らすことで、どんどん喋りがぎこちなくなります。

このように一回意識してしまうと、そこから抜け出すのが難しくなってしまうのは、意識という審判からホイッスルを鳴らされ、「ちゃんとやらなきゃ！」とさらに意識が働くからなのです。

しかも、「ちゃんとやらなきゃ！」と意識する裏には「ちっともちゃんとやれていない！」という意識からのダメ出しが必ずあります。

その**「ちっともちゃんとやれていない！」というダメ出しで緊張してしまったら、ますます意識がダメ出しをしてきて、その結果、「ちっともちゃんとやれていない！」というのが現実になってしまいます**。

意識って本当に厄介なものなのです。

意識という審判がホイッスルを鳴らす!!
ピッピー
あわわわ…
あわわわ…

2 意識という勘違いに振り回される人たち

自意識過剰な私の学生時代

「意識しすぎる人」はどんな人？　と考えた時に「自意識過剰」という言葉が真っ先に浮かんできます。

この場合の〝意識〟って「他人からどう思われているのだろう？」と過剰に意識してしまうことを指しています。

例えば、私の学生時代の話。通学時の電車で、いつも私と同じ車両に乗ってくるかわいい女の子がいました。

私はその子のことが気になっていて「あの子は僕のことをどう思っているのだろう？」といつも意識していました。

ある日、いつものように「かっこいい！」と思ってくれるかな？　なんてことを考えながら、ちらっと女の子に目をやると、彼女は視線を下に向けてしまい、一緒にいた友達と何かを話し始めたのです。

私は「僕の視線が〝気持ち悪い〟と思われたかも」と不安になってしまいました。そして、それを意識すると「僕みたいなダサい男があの子のことを憧れて見たから気持ち悪がられて、相手を不快にしちゃったかも！」と苦しくなりました。するとと、今度は彼女のことを見るのが怖くなり「絶対に嫌われちゃったかも！」とどんどん不安になっていったのです。

「明日あの子が同じ車両に乗ってこなかったらどうしよう？」

そのように考えてしまうと夜も不安で眠れませんでした。

翌朝、同じ車両に乗るのも怖かったのですが「嫌われたのか？」ということを、確認せずにはいられなくてドキドキしながら女の子が乗ってくる駅のホームを確かめます。「あっ、いた！」。彼女の姿を目にして、安心をしたのもつかの間、今度は、「僕のことなんて、実はなんとも思われていないのかもしれない！」と思いはじめ、再び不安になりました。

「ちょっとは気にしてくれていると思っていたのに、まったく相手にされないような存在だったのかも?」

そう思うとさらに気分が落ち込んで、惨めな気持ちでいっぱいになってしまったのです。

マイナスの意識にプラスの意識が働く「恒常性」

この学生時代の私のケースを見てみると、意識しすぎる人の特徴が浮き彫りになってきます。

私は目線があった後の女の子の反応を見て、「自分はダサくて弱い男で女の子から見向きもされない」と思ってしまいました。

ただ、周りの人と比べて自分はダメで弱い存在という「自信のなさ」というものがありながらも、かわいい女の子が「私のことを見ただけで好きになってくれるかもしれない」という妄想も抱いています。

これが人間の面白いところです。**人間の身体には「恒常性」（真ん中に戻す）という機能が備わっています**。ものすごく怒っても、時間がたつと「まぁいいか」と平常心に戻るのがこれ。必ずプラスマイナスゼロ、に戻す力が働くのです。

だから「自信がない」というマイナスなイメージに対して、私の中の恒常性は「本気を出したらモテモテなのに！」という真逆の自己イメージで、ゼロの状態に戻そうと働くのです。

「毎日顔を見るだけで好きになってもらえるかもしれない！」などということが頭に浮かび相手の視線を意識してしまうのもこのためです。

「相手から好かれているかもしれない」と意識したら、さらに意識が働いて「気持ち悪がられていたらどうしよう」とか「ダサいと思われて見向きもされなかったらどうしよう」と私の中でダメ出しの嵐が起こります。

ドラマじゃあるまいし「見ただけで好きになる」ことなんてありはしないし、「ダサい男」と思いながらちっとも髪型や服装の努力もしないのに「好かれるかも！」と思ってしまうなんておかしな話です。

ただ、自分の容姿や視線に相手の気持ちを動かす影響力があるなんて妄想してしまうのは、その逆であるマイナスイメージの「自分は誰からも相手にされなくて嫌われるかも」というイメージが強いことが原因となっていたりします。

意識的な人の特徴

これは「人間的な魅力がない」とか「会話力がない」や「世間話がうまくできない」などということでも同じです。

このような**「自信のなさ（マイナスの意識）」が強ければ強いほど、その逆の「自分はすごいんだ～！」というプラスの意識も強くなってしまいます**。

会話でいうと「自分の言動の影響力はすごいんだ！」ということになる。そうすると、さらにその逆の「ちょっとした一言で相手を不快にして大変なことになったらどうしよう！」という意識が顔をだし、またその逆の……、といった具合にどんどん悪循環へと陥ってしまうわけです。

でも、単純に考えてみてください。「自信がない人」の言動が周囲に多大な影響なんて及ぼせるわけがありません。だから、不安になる必要などどこにもないのに、意識するからどんどん不安になってしまうのです。

また、「自信がまったくない」と思えば思うほど「すごい能力がある」となり、「相手の気持ちが手に取るようにわかる」という現象も起きがちです。

私が相手を見た時に、相手が下を向いただけで「あっ、私のことを嫌っている！」と思ってしまったのもそのためです。

相手の気持ちなんかわかるはずはないのに「わかる」と思ってしまって「あ〜、嫌われた〜」とまるでそれが事実のように思ってしまう。それが意識しすぎる人の特徴だったりします。

つまり、意識的な人のベースにはいつも「自信のなさ」があり、自信がないから「意識してダメな部分をちゃんとカバーしなければ！」と思ってしまうのですが、その思いが強ければ強いほど、自分の中の周りに対する影響力と能力（相手の気持ちが手に取るようにわかる能力のこと）が暴走して「大変なことになってしまう〜！」という不安が増してしまうのです。

3

意識するばかりに最終的に最悪な選択

「わかっている」のは「最悪」な結果？

私は学生時代に、よく母親から「なんであんたはやればできるはずなのにちゃんと勉強をしないの！」と怒られていました。

それに対して「わかっているよ！」と答えてしまったとたん〝意識〟が働いてしまい、最終的に「最悪」な結果を招いてしまっていました。

その時の私の思考は次のように流れます。

「勉強をちゃんとしなくて最悪な点数を取ってしまったらどうしよう～」

「また父親から殴られる～」

「クラスのみんなから馬鹿にされる〜」

そして、「勉強をしなくちゃ！」となるのですが、それを意識してしまったら、今度は「爪が伸びているのが気になる」と爪を切り始めたり、「机の溝が気になる」と溝を掃除し始めてしまったりして、なかなか勉強を始めようとしません。

自分の意識では「やらなきゃ！」と思って焦っているのに、一向に手がつけられず、ダラダラして、時間だけがなくなっていき、試験当日の朝に「あの時ちゃんとやっておけばよかった！」とやらなかった後悔が襲ってくるのです。

最終的には、赤点を取ってしまい母親に「ほら、言ったじゃない。ちゃんと勉強しないからこんなみっともない点数を取る！」などと嫌味を言われた挙句、案の定、父親から殴られ、という最悪な結果になってしまいます。

なぜ「わかっている」と意識してしまうと、実行に移せず、最悪な選択をしてしまうのでしょうか？

「わかっている」と意識を働かせてしまった時に、私は「また父親から殴られる〜」

結果、やる気が出なくなる！

と「最悪！」を想定してしまっています。

だから、「ちゃんと勉強をしなければ落第する〜」となるのですが、30ページで紹介したように、人には恒常性という性質があり、心はバランスを取ろうとします。ですから、「ちゃんと勉強をしなければ」というイメージに対して真逆の「勉強しなくても楽勝でクリアできちゃう！」というとんでもないイメージが本人の知らないところで湧いていて、しかも**「最悪！」をイメージすればするほど「楽勝！」が強くなり、恐ろしいことに「がんばらなくても大丈夫じゃない？」というふうに「やる気！」が起きなくさせてしまう**のです。

結局決められず最悪の選択！

また、最近ではこんなこともありました。

「これがあったら便利だな」と思っていた車のアクセサリーが発売された時のことです。「早く買ったほうがいいのはわかっているけど」と言葉に出してしまうと意識的になってしまい、「もっと安いところがあるかもしれない！」とインターネットで安いショップを探し始めてしまいました。自分があれだけほしがっていたものだから、当然他の人もほしがっているはず。でも「早く注文しなきゃなくなっちゃう」と不安になればなるほど、「これってムダ遣いじゃないかな？」とか余計なことを考えてしまい、注文ボタンを押すことができなくなってしまったのです。そして、「さあ、買おう！」と意を決し、最安値のページを開いたら「売り切れ。入荷予定なし！」。

結局、どこのショップも売り切れになっていたので、全然違うメーカーの値段が2倍もする「ぼったくりじゃん！」と言っていた商品の注文ボタンを押してしまう結果に。

もちろん「あ〜、あの時にわかっていたのに！」と後悔します。わかっているのに最悪な選択をしてしまう……。ここにも意識の厄介さが顔を出してきます。

4 意識は本当は怖いもの？

よかれと思う気持ちが意識を呼び覚ます？

ある授業で教授が次のようなケースを紹介してくれました。

母親が、子供に対して「○○ちゃん喉渇いたんじゃない？」と水を飲ませます。こうして常に子供の状態を察して水を飲ませる、ということを繰り返していた母親が、ある時それをしなくなったら、その子供は脱水症状を起こして死んでしまいました。なんという衝撃の結末でしょう。

依存症の治療の仕事をするようになって、私はこの恐ろしい現象を目の当たりにします。その男性は、アルコール依存症に悩んでいました。話を聞くと、家でお酒を飲む時は、必ず奥さんが「お酒はそれぐらいにしたほうがいいんじゃないの？」と心配してストップをかけていたそうです。

それを何度も繰り返しているうちにその男性は「量のコントロールが利かない！」となって重度のアルコール依存症になってしまい、結局、お酒を飲み続けて内臓をやられ、亡くなってしまいました。

お母さんや奥さんは「よかれと思って」お水を提供したり、お酒の量をコントロールしてあげようとします。しかし、脱水症状を起こした子供や依存症の男性は、それを意識すればするほど自分の身体に適切な水分量やお酒の量のコントロールができなくなり、挙句の果てに亡くなってしまう。

この事実は本当にショックでした。「意識させる」って本当は怖いことなのだ！とその時実感したのです。

意識は楽しさも奪う

また、意識は楽しいという感覚も奪ってしまいます。

例えば、親から「なんでちゃんと勉強しないの！」と言われ続けて、勉強に集中できなくなるのがそれです。

親から「勉強しなさい」と言われて〝勉強〟ということを意識させられればさせられるほど、本人の学ぶことへの「知的好奇心」のような感覚がまったくなくなってしまって「勉強は苦痛なもの」になってしまいます。

「仕事がちっとも楽しくない！」と相談にきた人のケースでも同じような現象が起きていました。

その人は職場で先輩の女性社員から「あなた、ミスしないように気を付けてチェックしてね！」といつも言われていたそうです。しかし、そう言われてしまうとその人は「ミス」を意識してしまいます。

意識したとたんに「チェックするのが面倒くさい！」と思うようになったそうです。すると、先輩の女性社員から「また、あなたは」と怒られ、「ちゃんと意識してチェックして！」とダメ押しされる悪循環。

結果、その方は「目標を達成する」「ノルマを達成する」といった仕事に対する達

成感のような感覚が〝意識〟させられることで奪われ、「ちっとも仕事が楽しくない！」と思うようになってしまいました。

いわば意識的な先輩の女性社員によって、仕事の達成感を奪われて、楽しさを感じることができなくなっていたのです。

ちなみにその方は、カウンセリングで先輩の女性社員と気持ち的に距離を置くことができるようになると、意識から解放されて「あ、仕事ってこんなに楽しかったんですね」と気付くことができ、みるみる表情も明るくなりました。

お互いが意識しあうことで最悪の結果も！

仕事が楽しくなくて、「自分は社会的に死んでいる」と感じ、追いつめられる人は本当に多いです。意識によって「楽しい」という感覚を奪われ、社会で生きていくのが苦痛で仕方ないとなってしまうのです。

ただ、先の先輩社員の女性も、水を差しだしていた母親のように「教えてあげないとこの子が大変なことになっちゃう！」と意識的に後輩をサポートしていただけで、その人を「意識的にさせて追いつめてやる」などと考えていたわけではないでしょう。

実は、彼女のほうも「何とかしてあげなければ……」と意識すればするほど、感覚が麻痺してしまっていたのかもしれません。

人から意識させられることで感覚が麻痺してしまうと、まともに生きられなくなる。逆に、人を意識することで知らず知らずのうちに相手の感覚を潰してしまって、最悪なことが目の前で起こってしまう。

意識って本当にものすごい威力を持っているのです。

5 意識と脳の関係を整理しよう

緊張のスイッチが壊れると……

私はこれまで「意識的に生きていない人がうらやましい」と思って生きてきました。

いつも「ちゃんと勉強をしなければ！」とか「片付けをしなければ！」「人に嫌われないような言動をしなければ！」と意識してしまいます。そして、意識すればするほど「ちゃんとできない！」となっていつも最悪の結果になっていたのです。

一方で、そんなこと考えず、意識的にならない人は「なんであんなにスムーズに人生がうまくいくの！」とうらやましく思え、「何が違うんだろう？」とずっと悩んできました。

ただ、いろいろな研究やカウンセリングの症例の中であることが見えてきたのです。

それは「どうしてずっと緊張している人がいるの？」という研究です。

あるラットの実験で、生まれてすぐに母親から引き離された子ラットをしばらくして群れの中に戻すと「仲間の中に入れない！」という状態になるのですが、これを読んだ時に「まさに私のことじゃん！」と驚きました。

要するに、普通の子ラットは緊張状態になった時に、母親のぬくもりを感じ、安心することで脳の緊張のスイッチのオン・オフが適切に働くようにセットされていきます。だから、群れの中で仲間のぬくもりを感じると、緊張のスイッチが切れてリラックスでき、「みんな仲間じゃん」と群れの中に入っていけるようになるのです。

一方、母親から引き離されたラットは、ぬくもりを感じることもなく、緊張のスイッチのオン・オフがうまく働かなくなって、結果、群れの中に戻しても他のラットを「仲間」と感じられず、常に緊張状態となってしまいます。

緊張＝意識状態

リラックス、というのは何も考えないでいい状態ですが、緊張していると常に脳が働いていろんなことを考えてしまう「意識状態」になると考えられます。

唾液でストレスの値を測る装置を使って「幼少期に母親から温かく抱きしめられなかった」という方々のストレス刺激検査をしてみると「あっ、ストレスの値が上がらなきゃいけない場面で上がらない」ということが観察できました。

緊張のスイッチがうまく働かなくなっているので、緊張しなくていい場面で緊張してしまい、意識的になり、そして肝心な場面（ストレス値が上がるはずの場面）で緊張のスイッチが切れ、「力が入らなくて何もできない」となってしまうのです。

また、脳の緊張のスイッチが壊れていると、常に緊張していて脳が過剰に活動してしまいます。私のケースで見ると、脳の中で将来の予測をする役割を持つ前頭連合野が過剰に活動し「先のこと考えすぎ〜！」となって、いつまでたっても決断ができないかと思ったら、肝心な場面で前頭連合野が活動しなくなり「ちゃんと論理的な判断ができなさすぎ！」となってしまい残念な結果になってしまっていたのです。

つまり、**緊張のオン・オフのスイッチがうまく機能しないことによって、緊張しなくていいところで緊張し、脳が過活動を起こし、考えなくてもいいことを考えてしまうと苦しくなる**。こうして「意識的」という状態が作られている可能性があるのです。

6

人の気持ちを考えるほど緊張が高まるのはなぜ？

脳が暴走し意識することが止まらない

先ほどご説明したように緊張で脳が過活動を起こして意識的になると、緊張が高まります。そして、緊張が高まれば、ますます脳の活動のバランスがうまく取れなくなり、適切な決断ができなくなってしまいます。

例えば、電車に乗っていて、携帯電話で大声で喋っているおじさんを見ると「イラッ」とします。

周りの人も脳の緊張のスイッチが壊れていなければ、一瞬「変な人！」と緊張のスイッチが入りますが、「他に人がいるからいいか」とすぐにスイッチがオフになって、本や新聞の記事を読むことができてしまいます。

一方、緊張のスイッチが壊れている私の場合「マナー違反だろ！」とスイッチが入ってしまったら、もうスイッチが切り替わりません。相手を意識してしまい「注意してやろうかな」と考えてしまいます。

さらに、周りの人を意識して「注意したら他の人に私が危ない人扱いされちゃうかもしれない」と不安になります。

そして、その不安を意識すると「こんなに不安になるのはあいつが悪い」とどんどん携帯電話おじさんを意識するようになり、怒りや不安で脳の緊張が高まってしまい意識することが止まらなくなってしまうのです。

こうして**意識してしまうと、脳の緊張が高まり脳が過活動を起こすことによって適切な思考ができなくなります**。

そして、今度は肝心な場面で緊張のスイッチがオフになってしまうから「さあおじさんに注意しよう！」と思って立ったら、「あわ、あわ、あわ！」とうまく言葉が出なくなってしまいます。さらに「何言ってんだかわかんねえよ！」と凄まれると、ますます緊張のスイッチが入らなくなり「ヘナ、ヘナ、ヘナ」と情けない状態でみんな

の前で恥をかき、「また最悪な結果を選んじゃったよ」と涙目になって後悔することになってしまうのです。

「意識」は、脳の緊張のスイッチが適切に働いている人だったら「必要不可欠なもの」です。でも、スイッチが壊れてしまっている人は、意識すればするほどいろんなことに不安になったり怒ったりして、どんどん脳の緊張が高まり、ますます意識が暴走して、意識が想像した不幸が現実になる、となってしまうのです。

第2章

「無意識」って
いったい何者？

1 無意識は自信を生み出す源泉でもあった

ダメだと思えば思うほど自信が芽生える

以前の私は、意識で「こうしたい！」と思っても、それができず、「自分ってダメだな」とずっと自信が持てずにいました。

昔から「勉強しよう」と思って意識しても、いつも三日坊主で勉強に集中できたことがないし、運動だって「うまくなりたい」と意識しても、ちっとも練習せず、すべてが中途半端で、何に対しても自信なんて持てたことなんかなかったのです。

催眠のお師匠さんにこのことを話した時に「意識では〝自信がない〟と感じているのですね。でも、私はあなたからゆるぎない自信を感じるんですけど」と言われ、ふと考えました。

自分自身のイメージとしては、親から毎日のように怒られ、殴られ、そして涙を流して惨めな気分でいっぱい。学校に行けばいじめられ、勉強でいじめっ子を見返そう、と思っても勉強がちっともできず、「もう嫌だ！　何一つうまくいかないじゃないか」と叫んでいるまったく自信がない自分。

でも、「あれ？　自信のない私は何でここにいるのだろう？」と、その時思ったのです。

そして、自分が「催眠療法を誰よりも早く学んで、困っているクライアントさんたちを何とかしたい！」と思っている、ということに気が付きます。

意識では「自分はダメなんです。どんくさくて全然覚えられないです！」と言いながらも、「誰よりも早く催眠療法を使えるようになれる」と無意識では自信を生み出していて、いつの間にかお師匠さんの話を誰よりも真剣に聞いている自分がそこにいたのです。

意識で「自分はダメだ」と思えば思うほど、無意識はいつの間にか自信に満ち溢れていて、意識的な自分が「不可能かも！」と思えることに挑戦している。このことに気付いた時、私はとても驚きました。

そして、「もしや私のクライアントさんにも無意識は同じことをしているのかも？」と考えるようになったのです。

意識のバランスを無意識がとっていた

ある日、カウンセリングで「うまく喋れる自信がない」と悩んでいらっしゃる方のお話を聞いていました。その方は「これまで人前でうまく喋れたことがなく、職場でもそれで損をしてきた」と話します。

「もっと自信を持って喋ることができたら自分の人生はどんなに変わっていたのだろう。そう考えると悔しくなるんです」と。

うまく喋れる人たちはいい仕事ばかり持っていってしまい、喋れない自分のような人間が雑用のような仕事ばかりやらされて、いつも残業ばかりになってしまう、と怒ってもいました。

私は意識で「自信がない」と言っているその方の無意識に注目してみることにしました。するとその方が「周りの人たちが話していることには内容がなくて、意味がない」と思っている、ということが話の中から見えてきました。

つまり、その方は相手に理解されないから「うまく喋れない」とおっしゃっていたのですが、無意識的には「自分の話していることが高尚すぎるから理解されないだけ」という自信があったのです。

そして、私がそのことを話すと、その方は「え？　自分ってそんなことを思っていたんだ」とびっくりし、「自分はものすごく嫌な人間じゃないですか」と慌てました。なぜなら、周りの人を「無知」だと見下しているわけですから。

さらに私は、慌てる男性の無意識に、もう一度、注目してみます。

すると今度は「周りを見下しているのではなくて語り合える相手がほしい、と思っているだけ」ということがだんだんとわかってきます。

自分と同じレベルで話ができる人が周りにほしい、とこれまた自信に満ち溢れたことが無意識の中から出てきたのです。

意識で「喋りに自信がない」と思っていたら、実は無意識は、ものすごい自信を与えてくれていた。そのため、その方はいつの間にか難しい本を何冊も読むようになっていて、高尚な人が参加するセミナーにもたくさん参加するようになっていったのです。

その方は私とのカウンセリングで、無意識では、自信に満ち溢れている、ということを感じた時に、自然と転職活動ができるようになり、その後「自分と同じレベルで話ができる職場」に入ることができました。

そして、ついには「喋りに自信がない」という悩みからも解放されたのです。

2 自分に自信が持てる人と持てない人の違い

意識しているのは「人の目」

「何であの人はあんなに自信を持ってやっているのに自分はこんなに自信がないんだろう?」。私はよくこんなことを考えます。通勤の電車に乗っていても「みんなは自信がありそうなのに、自分はこんなに自信がなくて人目を気にしてビクビクしちゃっている」と思って情けなくなってしまうのです。

昔から「どうしてこんなに自分には自信がないのだろう?」というのが私の悩みでした。「自信がある人と自分はどこが違っているのだろう?」と一生懸命考え、態度だけでも、と「自信のあるように」振る舞ったこともあるのですが、長続きしませんでした。しかし、無意識に目を向けるようになってから、「もしかしたら、意識的な人ほど自信がなくて、無意識で生きられる人ほど自信にあふれているのかもしれない」と思ったのです。

では、私に自信をなくさせている「意識」って何か、という話になりますが、その時、私は自分が意識しているのは実は「人の目だった」という単純なことに気が付きました。つまり、**「人が私のことをどう思っているのか？」とか「相手から私はどのように見られているのか？」ということを意識すればするほど、「自信がない」となる**わけです。意識的な私は、確かに電車に乗っていても、仕事をしていても「周りの人が自分のことをどう思うのか？」ということばかり考えてしまい、その意識の中でどんどん自信がなくなっていきました。そして、自信がなくなったまま仕事をしていると「ほら、やっぱり失敗した」と自信を奪われる出来事が次から次へと起き、わずかに残っていた自信までも奪われてしまっていたのです。

普段目を向けないところに無意識は隠れている？

ここで面白いのが「だったら人目を意識しないようにしたらいい」と思うと、「余計に気になる～」となって、ますます意識が働き、自信を失っていくということです。

自分に自信がある人を観察していると、確かに人の目はあまり気にしていないようです。しかし、それは意識して気にしていないわけではありません。

どうやら、よく観察してみると、自信がある人は、普通の人が意識していないところに目を向けているようなのです。例えば、仕事をしている時に、普通に会社に勤めている人だったら「営業成績」や「上司や同僚からどう思われるか」を意識しますが、その職場で自信に満ち満ちている人は、「この電話のとり方がかっこいい！」とか「人の話を聞く時の姿勢が美しい！」などという感じで「ほかの人が意識していないところに注目している」ことがわかりました。

私も職場で自信のある人の真似をしてみようと、他の人が意識しないところに注目を向けた時に、妙な自信に満たされ、「仕事ができるかも」と営業成績が不思議と上がっていったことを覚えています。

では、実際に人目を気にせず、他の人が意識しないところに注目するにはどうしたらいいのか？　それは第3章以降で解説していくことにします。

3 完璧主義者ほど自信が持てない？

自信がないから完璧でなければと思う

完璧主義の人は、なんでも「完璧にしよう」と努力して、高い目標を設定し、自分に厳しく、他人の評価を気にしてしまう傾向があります。

だから外から見たら「自信がありそう」と見えるのですが、実は中身はボロボロで「全然自信がありません」という感じだったりします。

「完璧」を目指すのですから、テストだって100点じゃなければ満足しません。たとえ90点という高得点をとっても、「何で90点だったんだ。ダメな私！」と完璧じゃない自分を責め、「自信が持てない」となってしまいます。

誰しもいつも「自分の思い通りにいく」なんてことは神でないからありえません。

なので、完璧主義者は、常に「完璧を目指しているのに完璧になれない」と自分にダメ出しすることになります。

自信が持てなければ持てないほど「完璧にならなければ」と高い目標を掲げ、それに向かって一生懸命に努力する。たとえそれがうまくいっても「完璧主義」だから細部の「うまくいっていない！」という部分に目がいってしまい、「やっぱりダメじゃない！」と自信が持てなくなる。

完璧主義者はいつまでたっても自信が持てないのです。

完璧にできないからやらない

また、完璧主義者には、完璧を目指してしまうため「完璧に片付けられないから今は片付けられない」と片付けを後回しにするタイプもいます。

そのような人は「いつか完璧にやる！」と思っていて、「自分の気力」とか「体力」とかが整わないと「片付けができない！」と考えてしまいます。

例えば「今日はちょっと疲れているから片付けられない」となるのは「こんな体力じゃ、片付けが完璧にできない」という完璧主義が働いてしまうから。

メールの返信でも「完璧な文章で返さなきゃ」と思うから「相手が私の文章を読んだらどう思うだろう?」とぐるぐる考えてしまいます。

そうして、結局「いつまでも書けない」となって、相手から「だらしない人と思われる」となります。

家の中や引き出しの片付けができていなくて、メールの返信も的確にできない。そうすると、最終的に自分を「ダメなやつ」と責めてしまい、「自信が持てない」となってしまうのです。

自分に盲目な人ほど他人に厳しい

また、「他人に対して完璧を求める」という完璧主義者もいます。

「あの人のあのやり方は間違っている!」とか「あの考え方は違っている!」などと、人の間違いばかり目について頭の中でダメ出しをしたり、実際にネットなどで相手に

対してダメ出しをしてしまいます。

　このようなタイプの完璧主義者は、自分が完璧にできていないことを認めてしまったら「自分の存在価値がまったくない」と極端に不安になってしまうため、人のことを「完璧じゃない！　間違っている！」と批判し続けてしまいます。

　人に対し批判や非難する人は一見自信があるように見えたり思えたりするものです。

　しかし、**実際は「ダメな自分の現実を見たくないからやっているだけ」でまったく自信がなかったりする**ものです。

4 意識が自己評価を下げていた

意識、ダメ出し、ダメ出し、意識の悪循環

意識というのは「正しい or 間違っている」を判断します。

完璧主義者の場合は「完璧でないのは、間違っている」と意識が働き、人に対しても自分に対してもダメ出しがバンバン浮かんできてしまいます。

意識が働き「正しい or 間違っている」の判断をすればするほど「ダメ出しが止まらない」となって他人も自分も傷つけてしまい、最終的に「自己評価が下がる〜」となってしまうのです。


私は、子供の頃に、母親から「あなたはここがダメ！」とか「あそこがダメ！」と

ダメ出しをされて、毎日のように泣かされていました。

愛のダメ出しなのだから「勉強ができるようになるでしょ！」と周りからは思われていたようですが、私の成績は最悪で、「勉強もできないダメ人間」と、本当に低い自己評価でした。

その傍らで、幼かった弟は私がダメ出しされるのをじっと見ています。

「あんなふうにするとダメ出しをされてダメ人間になるんだな」と学習するから「親からちっともダメ出しされない」良い子になっていきました。もちろん弟は「(自己)評価が全然兄貴より高いかも」と成長していったのです。

一方、私は、母親から離れても「なぜ、ちゃんと勉強ができないのだろう」と意識してしまうと「ちっとも勉強に集中できない」となり、結果「ちっとも成績が上がらない、馬鹿でダメな奴」という低い自己評価のままでした。

部屋も「何でほかの人みたいにきれいに片付けられないんだろう」と意識して、自分にダメ出しをしてしまうと片付けられなくなり、いつまでたっても片付かない部屋にいる私は、いつも惨めな気持ちでいっぱいでした。

自分でも「片付ければいいじゃない！」と思うのですが、「何で片付けないの？」

と意識を働かせてしまうと「できない！」となってゴミが捨てられず、どんどん部屋に溜まって、異臭まで放つようになり、ますます自己評価は下がっていったのです。

無意識に任せたら自由になった！

でも、この「何でできないんだろう？」とか「どうして自分は他の人に比べて」という意識を働かせることをやらなくなったら「あれ？　自動的に掃除をしている」となります。

ゴミなんか溜まる前に、考えもしないでマメに捨てにいきますし、掃除機も毎日丁寧にかけるようになっていきます。カーペットの表面なんかも「人がくると歩いた跡がわかる！」というぐらい綺麗にしてあって、「どうだ！」という自信を持って人を呼ぶことができるようにもなります。

すると、人からも「きれい好き」と評価されるようになり、それに伴って自己評価もどんどん上がっていきました。

多分、母親としては「意識させることでちゃんとした人間に成長させよう」と考えていたのだと思います。その教育を受け、「意識して自分のダメなところを直さなければろくな人間になれない」と思った私は、一生懸命に「意識して自分を変えよう」としてきたのです。

でも、それをすればするほど「できない」「わからない」、そして「みんなよりも劣っている」ということを実感することになり、結果「ダメ人間だ〜」と自己評価を下げていったのです。

私にとって意識は自己評価を下げる存在でした。そんな意識を手放して、無意識に任せてみたら、それまでできなかったことが簡単にできるようになり、そして自由に楽しく行動ができて、自己評価がどんどん上がっていく！　という状態に変わっていくことができたのです。

5 無意識のおかげで悩む時間ともサヨナラ

意識は自分の時間さえ奪ってしまう

意識で考えてしまうと、次から次へと不安が湧いてくるので「ああでもない、こうでもない」とぐるぐる考えを巡らせ、時間があっという間に過ぎてしまいます。

そして、考えることだけで疲れてしまい「もう何もできない」と実際に行動するのが億劫になることだってあります。

一方、「無意識の助けを借りる」と「自動運転みたい！」というような感じで、悩まず、考えることもなく、一つの行動から次の行動へと移ることができるようになります。

自分を褒めたり（138ページ参照）、ルーティンで無意識のスイッチをオンにする

（152ページ参照）だけで、考えずに自動的に仕事が進んでいくようになるのです。

例えば、64ページで紹介したように無意識が使えると、億劫だった家事や片付けだって「嫌だな～！」なんてことを考えなくても、自動的に身体が動いてテキパキと片付けて「あっ、いつの間にか終わっている」ということになるから本当に便利です。

それまでは、悩む時間や取り掛かるまでの時間が長くて、そして、やっと取り掛かっても、その前段階で考えるのに疲れてしまっているから「面倒くさい」と思い、家事や片付けが一向に進まずに時間ばかりが過ぎてしまっていました。

すると「自分の時間がちっともない」となるからますますストレスが溜まり、不快なことを考えたり、先のことを思い悩んだりして、意識を強化してしまい、どんどん自分の時間がなくなっていく。まさに悪循環です。

無意識で本来の能力を発揮する

しかし、無意識のスイッチをいろんな方法で入れてみて、無意識の助けを借りると

「あれ？　いつの間にか終わっている！」とか「え？　こんなに簡単でいいの？」という具合に物事が片付いてしまいます。そして、自分の時間が増え、どんどん楽しいことが増えていきます。

このように、**無意識優先の生活になると「生きるってこんなにラクで楽しいんだ！」と自分の時間を満喫することができてしまいます。**

さらに、**無意識の助けによって、悩むことが減り、自分の時間が増えていくと、「あれ？　以前よりも周りから評価されている！」という面白い現象が起きてきます。**

以前の私は「どうしてこんなに頑張っているのに自分は評価されないんだろう？」とずっと悩んでいました。しかし、それって「評価されないかも」という不安を意識がご丁寧にも現実にしてくれていたからそうなっていただけだったのです。

無意識の世界では、意識がそんな現実を作ることがなくなります。そして、本来の私の能力が発揮できるようになります。

そんなことを感じているとますます無意識の力を借りて、もっと自分の時間を楽しんでみたい、と思えるようになってきます。

意識
どうしよっかなー
やろうかな、やめようかな
うーん
面倒くさいな
ブィーン
あぁー時間がない！

無意識
サッ！ サッ！
テキパキ！ テキパキ！
時間ができたから
本を読もう

6 最強の味方「無意識」を引き出す方法はいくらでもある

無意識は努力をして引き出すものではない

意識で考えると「自分を変えること」って相当努力が必要になるし、「その努力ができるのか？」となったら「そんなの無理〜！」とあきらめてしまいたくもなります。特別な人だけが、努力し続け、そして能力を発揮して高みに登っていける。でも、自分はそんなこと「無理」と意識は考えてしまうのです。

しかし、その「特別な人」は実は努力してそうなっているわけではなくて、もしかしたら「無意識」をうまく使っているだけなのかもしれません。

努力云々を抜きにして自動的に能力が発揮されているのかもしれないのです。

そうなのです。「ルーティン」を大切にしているスポーツ選手は、ある動作をやることで無意識を発揮できます。

優秀な科学者が研究をする時は「発見できるかもしれない？」とか「失敗するかもしれない？」という言葉で意識的になるのではなくて「やってみなければわからない」と「わからない」という言葉を使って意識を打ち消して、無意識を使うから「すごい発見ができた！」となるのです。

すばらしい作家は道を歩いていて、そこにあるものではなくて、そこに見えていないものを想像することで「無意識を起動」して「面白いストーリーが次から次へと湧いてくる！」となります。

無意識には限界がない！

無意識を使えるようになるには、普段使っている〝意識〟をオフにするため、ものすごい修行をしなければならないのでは？　意識ではそう考えてしまいます。

しかし、実際はそうではなく、**ルーティンやイメージ、そして「わからない」という言葉を使うことなどで簡単に無意識を使うことができてしまい、「自分にはないよ**

うな力を発揮することができている」となれるのです。

無意識が使えるようになると、それまで見えなかったことが見えるようになり、わからなかったことがわかるようになる。そして、「もしかしたら、無意識を使える方法って無限にあるのでは」と思えてきます。

そうなのです。意識には限界がありますが、無意識には限界がありません。無限の力を発揮できるようになるのが、無意識の世界なのです。その無意識を使って楽しく生きていく方法を次の章から紹介していきましょう。

第3章

「無意識」を味方にすれば人づき合いがラクになる

1

伝染する緊張のもとを外に見つけてラクになる

人の不安や緊張は伝染する

緊張している人がそばにいると、「つられて緊張する」ということがあります。

例えば、結婚式で、スピーチを控えた人がそばにいて「自分はスピーチがないから関係ない」と思っているのに、その人の番が近くなればなるほど「なんだか緊張が移ってきた！」などといったことです。これは、人間の脳に備わっている〝共感システム〟がそうさせています。

この時、自分の脳は相手の脳の真似をして、まるで相手の気持ちを自分のことのように捉え緊張してしまいます。これは意識でやっているのではなくて、自動的に（無意識のうちに）相手の脳の状態を真似してしまっているのです。

ただ、結婚式のスピーチのように、隣の人の出番が終わったら「あ、緊張がなくなった」と感じることができる場合は、「隣の人の緊張が自分に伝わってきてしまっていたんだ」ということが比較的わかりやすいかもしれません。

しかし、**他人から伝わる緊張で自分が緊張していることに気付かない（気付けない）場合は「自分が緊張している！」となって、意識が勝手に緊張の原因を自分の中にあると決めつけてしまいます**。

実際に、会議の場で緊張したら「あの人から伝わってきた緊張で私も緊張しちゃった」なんてことは多くの人が考えないでしょう。「喋るのが苦手だから」とか「あの人のことが苦手だから緊張している」などと、意識が勝手に理由を決めてしまい、「緊張しちゃう～」となってしまうのが普通です。

ただ、意識が勝手に決めつけたこの緊張の原因は言うまでもなく、自分の中にはないので、「不正解」。決めつけた原因が間違っている場合は、感じている不安や緊張は解消されません。

怒りも緊張も原因を取り除くことができれば収まる

例えば、家に帰った時に、奥さんがムッとしていたとします。

そこで「なんで怒っているんだろう？　もしかして自分が洗濯物を畳まなかったからかな？」と思い、洗濯物を畳んでも、奥さんの機嫌は直りません。

「そういえば、掃除をする暇がなくて家が埃っぽいから怒っているのかな？」と思って、掃除機をかけても機嫌は直りません。逆に「なんだよ！　こんなに一生懸命にやっているのに」とだんだん怒りがこみ上げてきてしまい「疲れて帰ってきたのにムカつく」となります。

そんな時に「ケーキを買ってくる約束をしたのに忘れてた」ということを思い出して、慌てて買ってきたら、奥さんの機嫌が直ります。そして、はじめて「これが原因だったんだ！」ということがわかります。

このように「原因」に的確に「正解」を出さないと相手の怒りは収まらなかったりするものです。

それと同じように、自分が感じている不安や緊張も「これが原因かな？」と考えてみて「消えないじゃん」となったらその原因は間違いであり、緊張が消えることはありません。

いろいろと原因を考えてみて、消えない緊張は「もしかしたら、自分の緊張じゃないのかも」と思ってみるといいでしょう。そして、「あの人から伝わってきているモノなの？」と思った瞬間に「あ、ちょっとラクになった」となったら「正解」と思ってください。

ただ人によっては、「それって、ただ人のせいにしているだけなんじゃないの？」と思われるかもしれません。しかし、全然緊張していない人を指して「あの人から伝わってきている？」と思ってみても緊張はまったく解消されません。

なぜならその人が原因ではないからです。

本当に伝わってきている人を探し当てることができると「あ、ラクになった」となるから、無意識は興味深いのです。

2 マイナスな口癖をやめると不安が消えてなくなる

意識は口癖を使ってその現実を作り出している？

誰かと一緒にいて、不安や緊張を感じた時に、意識が働いてしまうと「この人とは合わないいから緊張している」とか「相手から生意気だと思われているから不安になる」などと原因を考えてしまいます。

そんな時、つい会話の前置きとして「たいしたことじゃないんですが」とか「どちらでもいいのですが」と言ってしまったりするものです。

意識が「この人とは合わない」としてしまうのは「価値観が自分とは違う」という判断をしてしまうから。そのニュアンスが、言葉として出てしまうと、相手に「たいしたことがないんだったら喋るなよ！」とか「どちらでもいいんだったら言ってくるなよ！」と露骨に嫌な顔をされ、「やっぱりこの人とは合わない！」という不安が自分の中で増幅してしまいます。

でも、**これは自分の中の意識が不安に思った方向に現実を作り出すため、発する言葉に口癖のような前置きを付けさせ、相手に「この人とは合わない！」という思いを強化させた結果**なのです。

自分の口癖に注目すると自分の不安がわかる

逆に、自分が使う口癖に注目すると「意識が作り出したい現実はどんなもの」というのが見えてきます。

例えば、「あなたにはわからないかもしれませんが」とか「ちょっと難しいかもしれませんが」などの口癖は「自分は誰からも理解されない」という現実を作り出してしまいます。誰からも理解されないで、自分がどんどん孤立してしまう、という不安を意識は増幅させて、そのために「孤立する」という現実を作り出していくのです。

また、「ちょっとまどろっこしいかもしれませんが」とか「説明しにくいのですが」

という口癖を使っている場合、意識は「自分は人から誤解されて嫌われる」という現実を作り出そうとしている時だったりします。

でも「無意識」を味方につけた時に「あの口癖って本当は不安な現実を作り出すためにやっていたんだ」ということに気が付きます。

「無意識」を味方につける方法は簡単です。

勉強に集中したい時に、自分の中で「集中、集中」とつぶやいたことってないでしょうか？　それと同じように、相手と話をする前に「無意識、無意識」と自分の中でつぶやいてみてください。すると「無意識」がちゃんと味方についてくれて、「あれ？口癖は必要ないかも？」と思えてきて、ストレートに要点を相手に伝えられるようになっていきます。「無意識」を味方につけてみると、意識が不安な現実を作り出すことがなくなって、何事もスムーズな展開になります。

そして、「今までの大変さはなんだったんだ！」と叫びたくなるぐらい、口癖によって面倒くさい現実が作り出されていたことがちゃんと見えてくるのです。

シーーーーン
…
…
…
…
ちょっと難しいかもしれませんが
口癖が不安な現実を作り出していた!!

3 人の評価を気にしなくなる呪文「人の気持ちはわからない」

相手の評価を気にすることから面倒くさい現実は始まる

相手のちょっとした態度から、意識が働いて「あ、この人は私のことを下に見ているな」とわかってしまったりします。

そうしたら「馬鹿にされて蔑まれるかも？」とか「自分だけ仲間外れにされるかも？」と不安になります。そして、不安になればなるほど意識が働いて、いらない前置き（口癖）などを付けて、不安に思っていることを現実にしてしまうのです。

意識は、馬鹿にされて仲間外れにされるようなことが現実に起こっているように錯覚させます。

そこで、こんな面倒くさい現実を作り出す前に、もっとラクに対処できる方法はないの？　と私は考えました。

私自身、「何で相手からの評価を気にしてしまうのだろう？」とずっと悩んできました。「自分に自信がないから気になるのかな？」とか「相手を自分の鏡にしちゃって、相手の印象で自分を正そうとしているからかな？」なんてことを考えたこともありました。でも、どんなに自分に自信を持つように努力しても、どんなに相手を自分の鏡に使わないようにしても、「やっぱり相手の評価が気になるんですけど！」となっていました。

しかし、ある時「相手の気持ちがわかる！　と思っているから相手の評価が気になるのかも？」ということに気が付きます。

そして、**「自分の気持ちすらわからないのに、相手の気持ちなんてわかるわけがないよな」と思った時に人からの評価が気にならなくなり、びっくりしたのです。**

「自信とか鏡とか関係ないの？」

とこれまでの自分のしてきた努力の方向性が間違っていた、ということに軽くショックを受けました。

「人の気持ちはわからない」のが当たり前

「自分は相手の気持ちがわかる」と思っているから、相手からの評価が気になってい
た。このことに気が付いてから、人と接するのが本当にラクになりました。

幼い頃から、親によく叱られて「ダメな子！」と引っぱたかれていましたから、親
がちょっとでも不機嫌な顔をしていると「自分の成績が悪かったから不機嫌に違いな
い」とか「友達に泣かされて帰ってきたから情けない子供と思っているに違いない」
などと自動的に親の気持ちを考えるようになっていたのです。

振り返ってみればあの頃も、意識が「情けない子供と思われている」と思った時に、
その現実を作り出すために余計なことを言ってしまっていたな、と思います。そうし
て、自分の意識が現実を作り出しているのにもかかわらず、一方では「やっぱり自分
は相手の気持ちが読めるんだ」と思っていました。

だから、いつも相手の気持ちを（読めもしないのに）読んでしまって「あの人は私
のことを嫌っている」とか「あの人は私を馬鹿にしている」という現実を意識が作り

出し続けてきたのです。

「人の気持ちはわからないんだ」となった時、意識は働かなくなり、無意識が味方になってくれるので、「もう、自分を作らなくてもいいんだ」と人前で役割を演じることがなくなります。

その役割こそが「馬鹿にされる」とか「見下されて邪険にされる」という現実を作り出し、余計に「人からの評価が気になる」という状態にしている元凶なのです。「人の気持ちはわからない」と無意識を味方につけたら、演じる必要がなくなります。人のために演じる必要がなくなると「自分ってどんな人？」と考えてみるのが楽しくなります。

そして、だんだん「自分って意外とマイペースでお気楽な人なのかも？」とか「本当はかっこよく生きたい！と思っている面白い人なのかも？」ということが見えてきます。

人の評価が気にならなくなると、自分の中からいろんな自分の可能性が見えてきます。

4 自分の意識を疑えば苦手だったことも楽しくなる

長所を過小評価しすぎていないか再認識しよう

前の項目で説明したように「相手の気持ちはわからない」としてしまったら世界が変わります。意識は「ダメな自分」の現実が作り出せなくなり、「結構、自分ってイケてるかも」と思えるようになってくるのです。

人と話をしていても「お〜、この話の展開を作り出せる自分ってすごくない？」と思えてきて、楽しくなってきます。

さらに、無意識は自分の長所を見つけ出してくれたりもします。

仕事で計算をしている時に、「あの人から間違いをまた指摘される」と考えると意識が働き出し、「私はやっぱり計算が苦手」となっていました。

しかし、「人の気持ちはわからない」と自分に言い聞かせた途端、相手からの評価が気にならなくなり、スラスラと計算ができてしまい、「あれ？　結構私って計算能力は高いのかも？」と楽しくなってきたのです。

さらには、ちゃんとそれが合っているかどうかを見直すことがとってもワクワクしてきました。そして、「あ、ノーミスでできているじゃない」と確認できたら、今度は計算がどんどん好きになっていき、最終的に「計算が得意だったんだ」という自分の長所を発見したのでした。

苦手な読書も楽しくなればスラスラと要点だけ読める

「人の気持ちはわからない」と唱えて無意識を味方につけてみると、無意識は様々な長所と自分の中にある可能性を見せてくれます。

ある方は「自分は本を読むのが苦手」だと思っていました。

家で本を読んでいたら、パートナーから「あなたちゃんと内容を理解しているの？」

とよく言われていたそうです。そうすると、途端に「え〜と？」と詰まってしまって、「自分はちゃんと内容が把握できていないんだ」と落ち込み「本を読むのが苦手」と思っていたようです。

これを説明すると次のようになります。

「そんな本を読んだって何のためにもなっていないじゃない！」と相手が思っているのがわかってしまった時から意識が働き、その意識が「内容が頭に入ってこない」という現実を自ら作り出します。

その結果、相手から

「ほらね！　やっぱり何にもためになっていないじゃない」

という言葉を引き出してしまっていたというわけです。

しかし、無意識を味方につけ「相手の気持ちはわからない」と唱えた時に、相手のことを気にせず本を読むことができ、「読んでいて楽しい！」となったそうです。

意識が働いていた時は「内容をちゃんと理解しなきゃ！」と考えてしまうから「ちゃ

んと理解できていない」と何度も同じところを繰り返し読んでしまって辟易し、「やっぱり本を読むのが苦手なんだ」となっていました。それが、一切なくなったのです。

スラスラ読めることが「楽しい」となって気持ちよくなれば、ちゃんと必要な内容だけが頭に残っていきます。

無意識が教えてくれた長所のおかげで、自分に自信が持てるようになる。そして、どんどん人間関係や普段の生活が楽しくなっていく。

すばらしいことだと思いませんか？

5 尊敬できる人の行為を真似れば自分がどんどん好きになる

「何が起こるかわからない」が無意識を引き出す

ここまで読んできて、「そんなに簡単に自信が持てるわけがない」と思ってしまうような人は、「自分はこうだ！」という決めつけが強い人です。

「自分はこうだ！」という決めつけは意識の働きを強くするので、「(今までと)変わらない現実」をいつも意識が勝手に作り出してしまいます。

意識は、そのような人に対し、わざと失敗をさせて「ほら、やっぱり変わっていない」という現実を見させ、「こんなに失敗をしてしまうんだから自信が持てるわけがない」と思わせてしまいます。

ここで簡単に無意識を味方につける方法があります。それは**「尊敬できる人を真似**

する」です。真似をする行為は何でも大丈夫です。

例えば、優秀なバッターが「毎日カレーを食べています」と言っていたことを真似してみようかな？　と思ったら、それを真似るだけで大丈夫です。

ここでのポイントは、「それを真似したら何が起こるのかは未知である」ということ。人の真似なのでどうなるかはわからない。この「わからない」となった時に無意識が働き「あれ？　カレーを食べていたらあの選手のように胸を張って歩くようになってきた！」とか「仕事の前に腕を回してストレッチをしてルーティンをするようになった」という面白い変化を見せてくれます。

「変わらない」と思わせるよう働いていた意識が、「真似」をすることで働かなくなり、無意識が味方をして「現実が変わっていく」のです。

真似をして、無意識が起こしてくれる未知なる変化を楽しみにすることで、ますます無意識が活発に働きます。すると、「憧れのあの人」のように振る舞うようになり、いつの間にか「自分って結構かっこいい！」と自分のことが好きになっていったりもします。

真似が理想の自分を引き出す

ある女性は「自分は周りの人から相手にされないし、いつも嫌われる」と悩んでいました。

電車に乗れば隣の人は慌てて席を立っていきます。

また、お見合いパーティに参加すれば誰も自分に近寄ってきてくれない……。

そこで私が「尊敬できる人を真似する」ことで無意識が助けてくれるかも？　とアドバイスしたところ、彼女は「だったらあのモデルさんと同じブランドの服を着る」と、さっそく真似をし始めました。

すると次に会った時は雰囲気がガラッと変わっていました。

まず「あれ？　メイクが変わって可愛くなった？」ということに気が付きます。

本人が言うには「それまでの自分は日焼け止めを塗りまくっていて、顔が真っ白になっていたからみんなが気持ち悪がって近づかなかった」とのこと。「なんで先生、ちゃんと私に教えてくれなかったの」と怒られもしました。

尊敬するモデルさんを真似て同じブランドの服を着て「どんな変化が起きるんだろ

う？」と無意識が起こしてくれる未知の変化に期待をしていたらメイクが自然になり、素敵なモデルさんの仕草がその女性に移っていったのです。

「男性からも声をかけられるようになりました。ただ、電車では以前のほうが席を広く使えていた。それが懐かしい！」と彼女が話すのを聞いた時は、思わず二人で笑ってしまいました。過去に意識が作り出した現実を考えてみると、顔をわざわざ白塗りにして人を遠ざけるのですから、つくづく「意識って斬新だな」と思ったものです。

尊敬する人の真似を一つでも続けることで、意識が作り出していた「変わらない」現実はガラッと変わってしまいます。

「真似ることでどんな変化が起きるのかな？」と未知のことに期待した時に「無意識」が味方になり、いつの間にか憧れのあの人のように考えたり、動いたりすることができ、理想的な自分の姿へと近づいていく。憧れのあの人を真似ているから自分のことが好きになるのか、それとも意識が作り出した不幸な自分じゃなくなって、無意識のおかげで本来の自分に戻れたから自分のことが好きになったのか、どちらかはわからないのですが「自分って結構いいかもしれない」と思えるのは確かです。

6 正しさを追い求めることをやめれば心は疲れない

「正しいor間違っている」が不安を生み出す

「正しい or 間違っている」の判断をした時に意識が働くことは第1章でもご説明した通りです。

意識が働くと「自分の正しさは誰もわかってくれない」とか「正しいことを追求すればするほど周りから嫌われる」という不安を生み出します。

その不安から「こんなことを言ってもしょうがないんですが」とか「わかってもらえないかもしれませんが」などの余計な前置きを使ってしまいます。これを聞いた相手は「カチン」ときてしまい「何を言ってもあんたの意見なんて受け入れないから」となり、「ほら、やっぱり正しいことを言ったら嫌な顔をされた」となります。

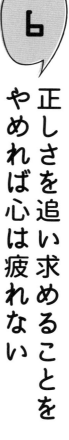

このように「正しい or 間違っている」で考えてしまうと、意識がどんどん不幸な現実を作り出し、人間関係がどんどん面倒くさくなってしまい「もう嫌だ～！」という状態に陥りやすいのです。

そこで「無意識」に助けを借ります。

「正しい or 間違っている」で判断すると意識が働きますが「楽しい or 楽しくない」で判断すると無意識がそこに宿ります。

単純に「正しい」は世の中の価値基準という判断基準があります。でも「楽しい」は人の感覚なので基準が一切なく、意識が働かなくなり、無意識の助けを借りてラクに生きられるようになります。

楽しい or 楽しくないという判断が心と行動に余裕を生む

ある女性の話をしましょう。

彼女は「正しい or 間違っている」で行動する人でした。そして、自分よりも仕事ができない人が昇進してずるい！と思うことがしょっちゅうあったと言います。

しかも、面倒な仕事ばかり押しつけられ、残業してでも「ちっとも報われないじゃない！」という感じで、その時は「転職しようかな？」と考えていたようです。

いつも会社のことを思って正しいことをしているのに、それを誰も認めてくれなくて「みんなずるい！」という悔しいことばかりがある。

そんな彼女が判断を「楽しい or 楽しくない」に変えてしまったら「真面目に仕事をするのは楽しくない」「部下に仕事を振るのは楽しい」というふうに考えるようになりました。

それまでは「部下に押しつけるのは間違っている」と、自分一人で仕事を抱えることがほとんどで、残業もそのせいでした。

でも仕事を部下に振ってみると、ずいぶん負担が軽減され、仕事も楽しめるようになったそうです。

すると次に彼女と会った時は「え？ 昇進の話が今きたの？」となりびっくり。

あんなに仕事をしていた時は、ちっとも認められず、仕事をしている振りをするようになったら認められるようになった……。以前の彼女だったら「ずるい。仕事をしていないのに！」と思うはずです。

ただ、**「ずるいかも！」**と思いながらも、**楽しいを追求していると、世の中ってこんなにうまく回っているんだ！と見えてきてびっくりします。**

これまで「ずるい人になりたい！」と思ってもなれなかったのが、楽しいことを追い求めると簡単にそれがかなってしまう。

しまいに人は楽しいことを追い求めるのがやめられなくなってくるのです。

7 人の無意識を使えれば日常はもっと楽しくなる

輝いて見える人は無意識で動いている？

「正しい」は意識を働かせて不安を現実にしてしまいます。

でも「楽しい」で無意識のスイッチが入ると、自分が予測できないような面白い展開になる。そんな無意識がもっと楽しいことを教えてくれます。

どういうことかと言うと「自分の無意識だけじゃなくて他の人の無意識も使ってみたら」というように、もっとずるいことをやりたくなってくるのです。

例えば、あなたの周りに輝いて見える人はいませんか？　そんな人は「無意識」で生きている可能性があるので、その人の無意識を使ってみるといいでしょう。

やり方はこうです。「あの人はどんなことを考えているんだろう？」と相手の気持ちを考えてしまったら意識が働いてしまいます。そこで「相手の動作を頭の中で真似る」のです。90ページの「尊敬する人の行動を真似する」の話では、何かの動作を実際に真似していましたが、ここで真似をするのは頭の中だけ。こうすることで「相手の無意識が簡単に使えるかも」となるのです。

身体の動きの一つひとつを意識して動かしている人は少ないのかもしれません。人は身体を動かす時はほとんど無意識で動かしているので、身体の動きこそ相手の無意識にアクセスできる鍵だったりします。

ある時、コンサートで憧れのギタリストに注目をして、ギタリストの動きを自分の頭の中で真似してみました。すると、ギタリストの無意識が伝わってきて「何、ただ曲を聴いているよりずっと楽しいんですけど」となりました。

そして、楽しみながら頭の中でギタリストの真似をし続けていると「あー、なるほど！　会社のプレゼンテーションってこうやればいいんだ」ということがイメージで浮かんできました。憧れのギタリストのように、聴く者を魅了してやまない方法が無意識のうちに伝わってきて「早く会社でイメージ通りにプレゼンをやってみたい」という感じになったのです。

そして、実際に会社でプレゼンテーションをやってみると「何があったの？　これまでと全然違うじゃない！」と周りの人にびっくりされます。

人の無意識を使って、自分にはそれまでなかった技を簡単に身につけることができた瞬間でした。

頭の中での真似で相手の無意識を借りる

ある女性は、バレエの公演を見ている時に「本当に頭の中で動作を真似するだけで、あのバレリーナの無意識を使えちゃうのかな？」と思って確かめてみたそうです。

バレリーナがジャンプをする時に、頭の中であのバレリーナと一緒にジャンプをします。さらに、手や顔の向きも頭の中で真似していると「これって私にもできるかもしれない！」と思えてきたそうです。

それまでは「憧れの存在」でしかなかったのに、真似をして相手の無意識を使ってみると「自分もあの人のように美しく生きられるかもしれない」と思えてきます。その女性は、バレリーナのしぐさを真似てみたら（無意識を借りてみたら）「自分にもっと誇りを持っていいんだ！」という感覚になり、公演から帰る時の姿勢から、歩き方から、以前と変わっていたと言います。

すると、今度は「姿勢だけで全然自分に対する印象って違うんだ！」ということに気が付きます。

背筋がピンと伸びたから、自分に誇りを持てているのか、それともバレリーナの無意識が自分に宿ったから誇りを持って生きられるようになって、背筋が伸びたのかはわかりません。

でも、頭の中で真似をして、相手の無意識にアクセスするだけで自分の中の何かがこれまでと違ってくるのです。普段バレリーナのような動きができなくても、頭の中では自由に動くことができて、相手を見ているから、相手の動きを頭の中の自分がそっくりそのまま真似をすることができる。

そして、真似をした時に、相手の無意識が伝わってきて「これまでの自分とは違った生き方ができるかも！」と思えてくる。面白いと思いませんか？

8 自分にきついあの人の態度を笑顔一つで軟化させる

こちらの反応で相手の態度が変わる

憧れのギタリストとかバレリーナだったら「彼らの無意識を使って面白いことをしちゃおう！」と思えるのですが、いつもきつい態度をとってくる人のことを考えると、早くどこかに行ってくれないかな、この人どうにかならないかなと誰もが思うことでしょう。

実際に私の周りにもこっちがいい気分になっていたら、不快なことを言ってきたり、変ないちゃもんをつけてきたりして、気分を台無しにしてくれる人がいました。

「この人どうにかならないかな～」と思っている時に思い出したのが、大学時代のノマン教授の授業でした。

ノノマン教授は教室の端から端へと歩き回る方で、私たちは「ちょこまか動くのが気になって授業に集中できない」といつも思っていました。

そこで、心理学のクラスのみんなと話し合い、作戦を立てたのです。ノノマン教授が教室の左端に立った時だけ、みんなが「ニコッ！」として顔を上げて、教授の話に「うん、うん」と頷いて真剣に聴いているフリをします。

そして、教授がその位置から移動して動き回ったら、みんな下を向いて、教授の話に一切反応しなくなる。

それをみんなで続けていたら、いつしかノノマン教授は教室に入ってきた時から左端に立つようになりました。そして、歩き回ることなく黒板にしっかり要点を書いてくれるようになり、「やった〜！」とみんなで喜んだことがあったのです。

これを気分を台無しにしてくれるあの人に対して使うと次のようになります。

不快なことを言ってきたら、表情を一切変えないようにする。そして、ちょっとでも優しい言葉をかけてきたり、前向きな発言をしてきた時に、ものすごく極端な笑顔を作って「うん、うん」と頷くようにする。

すると「あれ、不快な人の態度が変わった！」となったのです。

それまで「あの人って絶対に気分をぶち壊すんだから！」と思っていたことが、自然となくなり、それは本当にびっくりするほどです。

楽しいことだけ反応してみる

この話を聞いたある奥さんは「自分の日那も本当に変わるかな？」と疑いながらもやってみることにしました。

その方の日那さんは、例えば食事をする時など「前のほうが美味しかった！」とか「お前はお金を使いすぎている！」「無駄な食材が多すぎるんだ！」などと、いつも「カチン！」とくるようなことばかり言っていたそうです。

奥さんは、気晴らしに外出しても、そんな日那さんによっていつも気分が引き戻され、「もういや〜！」となっていたのです。

そこで奥さんは、日那さんが不快なことを言うと、表情も何も変えずに聞き流し、日那さんが「聞いているのかよ！」と怒り気味になったら、その場を去る、ということを実際にやったそうです。

始めた当初は「やっぱりこの人は肯定的なことを何一つ言わない人なんだ」ということに「ムカつく！」となっていたそうですが、しばらく続けていたら、食事中にあの旦那さんから「これ美味しいね」という言葉が出てきてびっくり。

今まで不快な言葉しか出なかったので、危うく「笑顔」を忘れそうになったようですが、「あっ、そうだ」と思い出して、極端な笑顔を作って、「うん、うん」とうなずいてみたそうです。すると、あの文句しか言わない旦那さんが「最近、綺麗になったね！」と言ってきて、また「うん、うん」と満面の笑みでうなずく。こんなことを続けていると、いつしか旦那さんは褒め上手になり、奥さんの家事まで手伝ってくれるようになったそうです。

これもタネを明かせば「楽しい or 楽しくない」で反応するようにしただけです。

「楽しくない！」ということに反応していたから、どんどん意識的になって、不安が現実になっていただけ。「楽しい！」だけに反応することでちゃんと無意識が働いて、これまでと全然違う現実を作り出してくれるのです。

9 人を紹介する時はお互いを会わせる前に相手のことを褒めておく

余計な気遣いは不安しか生まない

私の気分を悪くする上司や家族の発言には「あなたのためを思って嫌なことを言ってあげているんだから」という意図があったりします。そう、第1章で紹介した子供に水を飲ませるお母さんやアルコール依存症の夫を心配する妻の心理です。

「ちゃんと注意をしてあげないとだらしない人間になる」とか「一般社会でちゃんとやっていけないから、注意をしてあげなければ」と心配（不安）に思う意識が、言われたほうの意識を活性化し、「ダメ人間になる」という新たな不安を生み出させ、現実を作り上げてしまうのです。

こう考えると、**人を誰かに紹介する時に「この人たちがうまくいかなかったらどう**

しよう？」と不安に思ってしまうことで、自分が余計なことを言っている可能性もできます。

例えば、心配なあまり「あの人は、ちょっときついところがあるかもしれないけどそんなに気にしないでね！」とか「ちょっと気分屋なところがあるからびっくりしないでね！」なんて注意書きのようなものを紹介する前に伝えてしまって、うまくいかないと、「やっぱりそうなったか！」と思ってしまう。もしかしたらこの現実を自分が作り出していたのかも？と思うようなことが実際にありました。

以前の私は、人に病院の先生を紹介する時、「あの先生はちょっときついところがあるけど、いい先生だから」と言ってしまっていました。

そして後になって「なんであんな先生を紹介したんですか」と怒られ、「しまった！」となることが何度もあったのです。

ちゃんと正直に正しい情報を伝えてあげなければ、と思って言ったことで相手を意識的にさせてしまって、不幸な現実を作り出していたのでした。

しかし、ある時、相手の意識を働かせるようなことを言ってしまっているから人間関係がおかしくなる、であれば「相手の無意識を働かせるようなことを伝えてしまえば、人間関係は面白くなるのかも」とひらめいたのです。

そこで次からは、先生を紹介する時に「ものすごくすばらしい先生ですよ」と紹介してみることにしました。意識が働かないように具体的には褒めないで漠然と褒めます。なぜなら、具体的に言わなければ「嘘」をついていることにはならないから……。当然、「嘘をついている！」という意識が働くこともありません。

そして実際に、「ものすごく優しい先生で親身になってちゃんとやってくださるから大丈夫ですよ」と紹介すると、「本当にいい先生を紹介してくださってありがとうございます」とお礼を言われるようになりました。

「え、本当に？」と紹介した自分がびっくりするぐらいですが、実際に先生の対応を聞いてみると「え〜、あの先生が、そんなに親身にやってくださったんだ」とちょっと感動したりします。私のこれまでの記憶になかった対応を先生がしてくださっていて「紹介してよかった！」ということが起きる。無意識に働きかけることで、無意識が意外な現実を作り出し、楽しい、うれしい世界へと誘《いざな》ってくれる……。それはとっても面白い現象でした。

第4章

「無意識」の力でつらかった仕事が楽しくなる

1 仕事のパフォーマンスを最大限に引き出すのが無意識

意識がバランスをとろうとして最悪な方向に！

「いくら努力をしても自分の成果を認めてもらえない」

こんなことを感じることはありませんか。他の人よりも真面目に仕事に取り組み、一生懸命にやっているのに「何で仕事ができないあの人が認められて私は認められないんだ！」と悩む人は多いものです。

また、職場の環境も「このままで大丈夫なの？」と心配になるのは「ちゃんと時代に合ったことをやっていないから」とか「目先の利益のことばかり考えていて、先のことやお客さんのことをちっとも考えていない」と思ってしまうから。

このように「正しい or 間違っている」で意識的に考えてしまうと、どんどん意識が不安を現実にしてしまい「ちっとも認められない！」とか「泥船状態だ～！」となってしまいます。

そんな時に「無意識」を味方につけると、意識が想定していた展開とはまったく違った展開を無意識が見せてくれるようになります。

例えば、仕事をしていて、知らぬ間に他の人と比べていて、「自分の仕事の限界はこれぐらいかな？」というのが見えてきてしまうことはないでしょうか。

能力が高い人と比べてしまうと「自分にはあんなふうにできない」とどこか諦めてしまうところがあり、それを超えるために努力をしようとすると、調子が悪くなったり、仕事で大きなミスをして「やっぱり自分はダメだ！」となってしまいます。

でも、この「他の人と比べて自分はあそこが劣っている」という現実は〝意識〟が作り出していたりします。

自分は「ここが優れている」と思っても「あそこが劣っている」という具合で意識は変にバランスを取ろうとします。そして、意識がわざわざその現実を作り出してしまい、あたかもそれが本当の自分であるように思ってしまうのです。

苦手な仕事も楽しいで得意になる

「無意識」を味方につけてみると展開がまったく違ってきます。「優れているor劣っている」の判断をすればするほど「正しいor間違っている」の時と同じように意識が活発になります。そこで、ここでも94ページで紹介した「楽しいor楽しくない」を使って意識じゃなくて無意識を味方につけるようにするのです。

かつての私は「自分の劣っている所を何とかカバーしなければ」と思いつつ、苦手な仕事をだらだらとやって残業になり、「疲れた〜！」となっていました。しかし、「無意識」を味方につけるために「楽しい」ということだけをやろうとすると「資料集めが楽しいから、資料集めだけをしたい」となったのです。

もちろん、意識が「おい、おい。仕事をさぼっているみたいに見えるじゃないか！」と突っ込みを入れますが「楽しいことだけをやる」と決めていると、アイディアまで湧いてきます。

意識はそこでも「やばい、締め切りに間に合わないかも」という突っ込みを入れてきます。それでも「楽しいことをやる」をしていたら、やがて「集めた情報をもとに仕事を進めたい！」と仕事をするほうが楽しく思え、これまでの仕事の仕方が「まるで足枷をはめられていたのかも？」と思えるぐらいのスピードで終わらせることができるようになったのです。

後でまとめた資料を見返しても、これまで嫌々仕事をやっている感があった資料が、「いいかも、これ」と人に自慢したくなるレベルに仕上がっていました。

楽しいという判断はチーム力も上げる

ある方は「自分の営業成績が上がらない！」と悩んでいました。

どうしてもお客さんの気持ちになってしまって「お客さんに損をさせるかもしれない契約は勧めることができない」と思い、せっかくいいところまでいっているのに、契約できずに終わってしまうことが多かったのです。

詳しく話を聞いていくと、仕事をしている途中で「自分は間違っていることをしているのかも？」と疑問に思って意識的になってしまうようなので、「楽しいことをする」で無意識を味方につけてみることをアドバイスしました。

するとその方は、

「お客さんとのトークは楽しいからする」

「契約の場面は楽しくないから同僚にお願いしちゃう」

と決めました。

結果的に、同僚が「一番いい値段で契約をしておきましたから」と契約書のフィニッシュの仕事をやり遂げてくれ、その方は営業成績を上げることができました。

すると面白いことに、今度は同僚から「このお客さんとのトークが苦手なんでお願いできますか？」とお願いされ、同僚のために楽しくお客さんとトークをして同僚の営業成績を上げる。こんな具合に、その方のチームの成績が面白いほど上がっていきました。

それまでは「苦手なものを克服しなきゃ」と思いつつ、それができずにチーム全体で成績も上がらず嫌な空気が流れていたのに、無意識の力でそれが一変し、みんなで楽しく成績がぐんぐん上がるようなチームに変わっていった。

「楽しい！」で無意識を味方につけることは、自分が変わるだけじゃなくて、チーム全体を変えていく力を持っているのです。

2 研究発表や大事なプレゼンの前日は十分睡眠をとる

無意識は寝ている間に大量の情報を処理している

みなさんは、眠りから覚める瞬間に、映画のフィルムの一つひとつのコマに全然違う場面が描かれているかのように、コンマ一秒単位で目の前の場面が次々と移り変わっていくことはないでしょうか？

私はあります。職場の人との会話、スケジュールの記憶、友人の笑顔、誰かとの会話、などの場面が目まぐるしく移り変わっていき「え～、頭ってこんなにたくさんの記憶をこんな短い瞬間で処理しているの！」とびっくりします。

完全に目が覚めた時は「やっぱり、一つのことしか考えられないよね」と元に戻っていますが、先のように時折、起きがけに頭の中の状態をのぞいてみると「すごいス

ぐっすり眠り無意識の助けを借りよう！

ピードで大量の情報を処理している！」というのを垣間見ることができるのです。

例えば、プレゼンの資料をまとめていて「う〜ん？ このプレゼンで大丈夫かな？」と不安になっていても「寝ている時に無意識の助けを借りれば大丈夫！」と思って、寝て起きてみると「お〜、昨日の不安が消えている」となります。

これは大量の情報を無意識がちゃんと整理して、そのプレゼンの資料と結び付けてくれたから。

起きている時に、意識で処理できるデータには限界がありますが、寝ている時に無意識はものすごい大量のデータを短時間で処理してくれます。この時大事なの

は、本当に大丈夫と思うことです。そうしなければ無意識は働いてくれません。

ダメだと思った時ほど無意識の力を借りよう

ある女性の話です。研究発表の前日の夜のこと。作成した資料について室長から「そこがダメ、あそこがダメ」とダメ出しをされ、「これから、それを直して練習するのはムリ！」となりました。資料を修正するだけでも時間がかかってしまうので「徹夜で練習をしようか？」と考えます。

しかし、その女性はそこで「無意識に任せちゃおう！」という大胆な行動に出たのです。研究の資料はこれまでも十分に作ってきた、その情報さえあれば「私の中で無意識がうまく情報を処理してくれるだろう」と思い切って寝てしまったのです。

そして、起きてから発表用の資料を見返してみると「おーっ、頭の中で流れがスムーズになっている！」と発表している自分の姿がちゃんと思い浮かんだそうです。

本心は「まあ、失敗してもいいか！」と思っていたそうですが、眠って無意識に情報の整理を任せたら、失敗どころかダメ出しをしていた室長からも褒められるぐらい、

「今までで一番いいかも！」という発表ができたのです。

室長には「あれから練習大変だったでしょ！」とねぎらいの言葉までかけられ、「はい、たくさん練習したんだと思います」と笑って答えたそうです。なぜなら、無意識が夢の中でものすごい回数のシミュレーションをしてくれていたはずなんですから。

寝ているうちに無意識がプレゼンのやり方を教えてくれた？

また、ある男性は「会議での発表が苦手」とおっしゃっていました。社内でのプレゼン用の資料がいくらばっちりでも、実際の発表の場面では頭が真っ白になり、思うようにみんなに伝えられず、せっかくみんなに作ってもらった資料がムダになってしまうことが何度もあったそうです。

いつも「自分には発表は無理ですから」と断っているのですが、誰もプレゼンができないので毎回仕方なくやり、何度練習をしても「本番ではうまくできない」となっていたのです。

そこで、その男性は「無意識に任せて寝てしまう」という方法を試してみることにしました。実際に清水の舞台から飛び降りるような気持ちで「無意識に任せます」と唱え、プレゼンの資料を枕元に置いて寝てみたそうです。

すると不思議なことに、いつもだったら「ちっとも眠れなかった！」となるのが、「やばい、ぐっすり寝ちゃったかも！」という感じで熟睡でき、朝、目が覚めた時は、枕元に置いてあった資料を見返す気もなくなるくらい「もういいかな」という妙な感覚を覚えたと言います。

そしていよいよ本番です。いつもだったら、プレゼンの前はオドオドした感じでそのまま発表に臨むのですが、なぜかその日は、ビシバシ進められました。

しかも、いつもダラダラしていて「ちっとも真面目に聞いていないかもしれない」と思っていた聴衆が、「あれ？　今日は真面目に頷いて、メモまで取っている！」ということにびっくりします。そして終わってみると「お〜！」と拍手まで。

その男性はプレゼンって、こうやって強気な感じでやらなきゃダメなんだ！　ということがわかって「無意識ってすごい！」と実感したと言っていました。

それも、寝ているうちに無意識が、会社のプレゼンで一番大切なことを男性にインプットしておいてくれたおかげなのです。

3

決めてしまえばプレッシャーは消えてなくなる

周りからの期待には応えなくてＯＫ

人は不安になってしまうと、「あんなことも起こるんじゃないか？」「こんな可能性もあるんじゃないか？」「あの人はこんな反応をするんじゃないか？」などなど、ありとあらゆる可能性を考えてしまって「それに対して何とかしなきゃ！」と前もって対策を立てます。

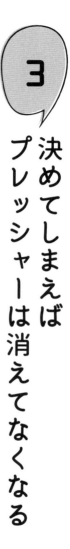

でも、不安に思ったことで対策を立てれば立てるほど、「他の可能性」も見えてきてしまって、「こんなことをやっていたらきりがない！」という感覚に陥ってしまいます。

「人事を尽くして天命を待つ」という言葉がありますが、「どこまで準備すれば十分なの？」というのがわからなくなるのです。

ただ、これって、単に意識が働いて不安になればなるほど、意識は不安を現実にしていくから「対応してもきりがない！」となっているだけだったりします。だったら「無意識」の助けを借りればいい、となるわけです。でも、この場合、どうやったら意識のスイッチをオフにして無意識の力を使うことができるのでしょうか。

実は、この場合の意識のスイッチは**「周りからの期待に応えなければいい」**という単純なものなのです。

「周りから期待されていることを知っている！」ということで意識のスイッチは入ってしまいます。いい仕事をしたり、成功すればするほど「周りの期待」を感じるようになり、それがプレッシャーとなって「楽しくない！」という感覚になります。

そこで**「周りの人の気持ちなんかわからない！」と思うことにしてみます。すると意識のスイッチが簡単に切れ、「あれ？　力を抜いて最善を尽くせるかも」と無意識が働き出します**。

「周りの人の気持ちはわからない！」と思うのは、ちょっとさびしい気はしますが、「まあ、これぐらいでいいか！」と余計なことをすることなく、睡眠がとれて、「無意識」

にお任せすることができてしまうのです。

また、「周りの人の気持ちはわからない」として無意識の助けを借りていると、何度も不安をシミュレーションすることがなくなって、「あれ？ そんなに努力しなくてもいいんだ」ということがわかってきます。

そんなに努力をしなくても、周囲からは「すごいね～。大変だったでしょう」と褒められる。しかし、心の中では「そんなに努力はしていないんですけどー」といった具合です。

結局、周りの人の気持ちは誰にもわからない

ある女性は「お客さんに納得してもらう資料を作ろう」と思って残業し、さらに家にまで仕事を持ち帰って資料を作っていました。

そして、お客さんにその資料を提示した瞬間、お客さんの顔が曇ってしまったのがわかり、「え？ こんなにお客さんの気持ちを考えてベストを尽くした資料なのに」と怒りが湧いてきてしまう。こんなことが度々あったそうです。

「何がいけなかったんだろう?」と、上司に相談すると「ここがダメ! あそこがダメ!」とダメ出しをされ、「え〜、あんなに頑張ったのに〜」の繰り返し。彼女は正直やる気をなくしてしまっていました。

そこで「無意識に任せる」のを試してみることにしたのです。

「周りの人の気持ちはわからない」とすると、自分が知らぬ間に「お客さんから完璧なものを求められている」というプレッシャーや、「成績を誰よりも上げることを上司から求められている」というプレッシャーを感じていたことがわかったと言います。

その途端、あんなに根を詰めて作っていた資料も、「わざわざ一から作らなくても以前からある資料を使えばいいじゃない!」と思えるようになり、その日は資料もさっさと用意し、早く家に帰って床についたそうです。

そして、次の日。いつもとは違い、自分的にはあまりやる気がない感じでお客さんにプレゼンテーションをすると、「お〜、これですよ! これ!」と言われます。その場は、「そうでしょ!」と話を合わせるように答えはしたものの、心の中では「なんでなの?」と不思議に思えて仕方なかったそうです。その時、彼女は「本当に周りの人の気持ちはわからないものだな」と思ったそうです。

4 起きてすぐスケジュールをチェックするだけで仕事が嘘のようにはかどる

無意識で一日の情報を整理する？

「朝起きてからすぐに仕事のことを考えるなんてありえない！」と思うのが普通かもしれません。仕事は「負担」で「楽しくないもの」という常識がどこかにあって、仕事のことを考えれば気が重くなり、不安になったりします。

「朝は仕事のことを考えたくない」というのは仕事のことを考えると意識を活性化することになり、「これから楽しくない一日を強いられる」と思うから。つまり、一日中意識に引っ張りまわされることになってしまうからなのです。

そこで、意識のスイッチをオフにして、無意識の助けを借りてみます。

すると「もしかして、仕事は楽しいかも！」という感じになり、いつもよりスムーズに進むことが多くなってくるのです。

この場合の意識のスイッチをオフにする方法は、**朝起きたらいきなり「今日一日のスケジュールは？」とチェックする**ことです。

１１５ページでも紹介した通り、寝ている時は無意識が働いていて、起きがけもまだ、無意識が活発に働き続けている状態になっています。そんな状態の時にボーッとしながらでも、スケジュールを確認すると、頭の中ではものすごい勢いとスピードで、その日の行動の一つひとつを整理して、まとめてくれます。

それは次のような具合です。

朝起きがけにスケジュールをチェックしただけなのに、仕事に行くのが楽しみになり、職場に着いたら考えもしないで、仕事に取りかかれる。

いつもだったら周りの人のことが気になって集中できないような場面でも「集中して仕事ができている！」となる。

お客さんとのやり取りも脱線することなくポイントだけに絞って話ができる。

気持ちに余裕を持つことで、飛び入りのお客さんが入ってきても「大丈夫！」と冷静に対応ができ、相手に気遣いをしすぎることなく短時間で話を切り上げ、次につなげることができる。

そして、気が付いたら定時の終業時間になっていて「あら、定時に帰れちゃう！」となる。

こんなことを体験すると次第に「寝るのが楽しみ！」になってきます。これは、「疲れたから寝たい」というわけではなくて、寝ているうちに無意識に情報を処理してもらうのが楽しみ、となるから。つまり、次の一日が、子供の時のように楽しみになってくるのです。

ボーッと目でスケジュールを追っているだけでいい！

ある女性は「朝起きるのが苦手」でした。

「コーヒーを飲まないと頭が働かないし、仕事のことなんて考えられない！」と言っていましたが、実際はコーヒーを飲んでも眠いままでした。

彼女のいつものパターンは次のようなものでした。

職場に行っては、面倒くさい朝礼に出て、仕事も思うようには進まずにあっという間にお昼の時間。

ランチも何を食べるのかなかなか決まらずに、時間ばかり過ぎてしまって結局いつもと同じものを慌てて食べることになってしまう。

さらに食べたら眠くて頭が働かず、いやいやながらお客さんの電話を受けたりして、さらに嫌な気分になる。

そうこうするうちに夕方になって「やばい！　全然仕事ができていないじゃない」と慌てて仕事をすることになり、「また残業だ〜」とタイムカードを押してから仕事を続ける。

そんな彼女が「無意識の助けを借りよう」ということで「朝目が覚めたらすぐに一日のスケジュールをチェックする」のを試してみることにしました。

「頭が働くわけがないじゃない！」と文句を言いたげでしたが、「ボーッと見るだけで大丈夫」と言われて、しぶしぶやることにしたのです。

さっそく起きがけにすぐにスケジュールをチェックしてみます。ただボーッと目でスケジュールを追っているだけなのに「あれ？　頭がすごく動いている気がする！」

と感じたそうです。

するとしだいに頭が冴えてきて、テキパキと動け、化粧もあっという間に終わり、その日はいつもは食べられない朝食までとれました。さらに、仕事に行く途中に新聞をチェックすると、スラスラと内容が入ってきます。周りの人のことが一切気にならなくなって記事に集中できるようになっていたのです。

彼女は言います。

「職場についてからは、さらに面白くて、『この仕事は時間がかかるかもしれない！』と思っていたのが『あれ？ もう終わっちゃったの？』という感じでさっさと片付いちゃうんです。また、昼食の時間になり、同僚と一緒にランチに行った時も、即決ができます。迷わずに選べて時間がムダにならないんです」

時間がかかると思って億劫だった仕事に手をつけ始めたら、片っ端から片付けてしまい「今日の仕事はもう終わり！」と思った時に時計を見たら「あっ、定時だ」となってびっくり。「朝、眠いままでスケジュールをチェックするだけでこんなに違うんだ」と無意識の力に驚いたそうです。

一日の女性の行動（仕事編）
朝起きがけにスマホでスケジュールをチェック
集中！
電車の中で新聞をチェック！
仕事がはかどるわ！
お疲れ様～
定時に帰宅する

5 アイディアがほしい時は単純作業が一番

ただひたすらに情報を見つめる

みなさんは、アイディアがほしい時に「浮かんでこない！」となると焦ったり、イライラしたりしませんか？

私も一生懸命にいろんなことを書き出したりして「早くアイディアを出さなきゃ」とか「いいアイディアを出さなきゃ」と思っているだけで時間がたってしまい、「全然出てこない！」となることがよくありました。

これは、「早く！」とか「いいアイディアを！」と思った時に意識が働くので、意識が「いいアイディアが浮かんでこないかも」という不安を現実にしてしまっているだけなのです。そこで「無意識」の助けを借ります。

この時の無意識は、便利な調理器具のような感じです。

素材だけ単純作業で細かく切って、調理器具の中に放り込み、蓋をして温めていたら、いつの間にかいい香りがしてきて「美味しい料理が出来上がっている予感が……」、といった具合です。

実際に私がやっている方法は次のようなものです。

いいアイディアがほしかったら、私の場合はアイディアの素材となるものを集めてきて、それを「無意識に任せちゃおう！」と思いながら、ただ眺めているだけ。

これを何度も繰り返し眺めているうちに、無意識は取り入れた情報を意識では考えられないスピードで整理して、そして「あっ」というひらめきを与えてくれます。

データや資料を眺めていればいい？

ある女性は、お客さんに提案するアイディアがほしくて一生懸命に考えていたのですが、いつまでたってもいいアイディアが浮かんでこず、困っていました。

上司に相談しても、これまであったようなものしか出してもらえず、「ちっとも魅力的じゃない！」という感じなのです。

そのまま、これまであったようなアイディアをお客さんに提案しても喜んでくれないな、というのがわかっているから「何とかしなくちゃ！」と思っているのですが、そう思えば思うほどアイディアが浮かんできません。

そんな時に「無意識の助けを借りる」ことを思い出します。

「これまで使った資料と、そのデータを眺めるだけでいい……」

その女性は、「無意識の助けを借りよう」と思いながら、ひたすら資料を眺めたそうです。自分では何も考えずに、何度も何度も同じ資料をスライドのようにめくっていきます。

すると、頭の中で何かが動いているのが感じられたと言います。意識的に考えているわけじゃないのに、資料をめくっているうちに、その女性の頭の中では様々なアイディアが出てきては消え、また出てきて、を繰り返していたのです。

そして、何度も資料をスライドのようにめくっているうちに「おー、このアイディアは面白いかもしれない！」というものが浮かび、それを書き出してみたらスラスラ書ける。「これまで全然書けなかったのに、こんなに簡単に書けてしまうとは！」とびっくりします。

急ぎそのアイディアをまとめて、後日お客さんに提出したら「このアイディアは凄いですね。これを作成するのにすごい時間がかかったでしょう」と大満足。

「実際は無意識がやっていて、全然時間がかかっていないんですけど……」と思いつつも、彼女は「無意識の助けを借りるのって本当に面白い」と思ったそうです。


意識が働いていると「アイディアが浮かばない！」という暗示で、不安を現実にしてしまいます。

しかし、**「無意識の助けを借りる」と決めて、資料をただパラパラとめくるだけの作業を繰り返していると、無意識がそれまで眺めた資料や、これまでの経験、そしてさらに未来に存在しているかもしれない情報などを整理し、「新しいアイディア」を生み出してくれます。**

ただ、ひたすらデータや資料を眺めていればいい。本当にそれだけなのです。

6 深く考えすぎず無意識に期待すると仕事がはかどる

単純な作業をしている時こそ無意識が発揮されやすい

パラパラとただひたすらページをめくって客観的データを眺めているなんて「無意味だ」と思った人はいませんか。それが意識です。

実は、意識が「無意味だ」と判断することをひたすら繰り返していると、意識はだんだん働かなくなり、「無意識」が起動して「いろんなアイディアが浮かんでくる」ということが起きます。それが前項目のメカニズムです。

言い換えれば、**単純な作業をしている時こそ、無意識が発揮されやすい**のです。ただ、単純作業をしている時に無意識を簡単に起動できる人と、それが難しい人がいます。「単純作業は楽しくない！」と意識的になってしまう人は、「嫌々やっている！」という表情や態度に出て、こんな楽しくないことを延々とさせられてしまうのでは、という不安が現実となります。

一方で、単純作業をしていて無意識に身を任せられる人は、「どんどんスピードが上がる！」となったり、「どんどん新しいことが見えてくる！」となり、いつの間にかステップアップしてしまうのです。

わらしべ長者のように無意識が自分を引き上げてくれる

ある男性が「私は段ボールの組み立てなんていう単純作業を、ずっとやっていて、このままでは自分の人生がこんなことで終わってしまうようで不安なんです」と相談にきました。

もっと別なことができたはずなのに、いつも消極的になって、どの職場でもすぐに嫌になり、転職を繰り返してたどり着いたのがその職場だったそうです。意識が男性の不安を見事に現実にする、まさにそんな感じになっていました。

そこで「無意識の助け」を借りてみることにしました。

「こんな仕事をしたって仕方がない」とか「職場の人は自分の仕事の仕方をどう思っているのだろう？」と考えると意識が働いて、不安を現実にしてしまいます。

なので「単純作業をしていて、無意識に身を任せれば、どれぐらいスピードが上げられるのだろう？」という興味を持ってやってみる、ということにしたのです。

すると、これまで嫌々やっていた段ボールの組み立て作業に変化が表れました。

何も考えないでやっていたら、だんだん早く組み立てるコツがつかめてきて、それまでの10倍のスピードで組み立てられるようになりました。

さらに、それを見ていたパートのおばさんも真似るようになり、「組み立てる段ボールがもうない！」という事態が度々起こり、ついには「もうちょっと難しい仕事をやってくれるかな？」ということで、その男性は発送の仕事を任されるようになりました。

新たな仕事も「間違えたらどうしよう？」などとは考えず、「無意識に身を任せれば、どれくらいたくさん発送ができるようになるのだろう？」と思いながら淡々と仕事をします。

するとその男性は、すぐに前任者の3倍もの仕事をこなせるようになり、その仕事ぶりを認められ、今度は営業を任されて、お客さんの所に資料を持って説明に行くようになります。

この時も男性はこれまでと同様に「無意識に身を任せれば、どれぐらいたくさんのお客さんの心をつかめるようになるのかな？」と思いながら営業先に行くと、お客さんからすぐに顔を覚えられ、そしてゴルフに誘われるようになります。

さらにゴルフでも「無意識に身を任せれば、どれくらいスコアを上げられるのかな？」と思いながらやってみると「面白い」と思ってもらえ、お客さんとの信頼関係もさらに強いものとなり、営業成績はトップになったのです。

そうすると今度は「次は営業管理ね！」と言われ……、といった具合にその男性はどんどん昇進していきました。

今では段ボールを一緒に組み立てていたおばちゃんと会うと「あの頃が懐かしいな～」と思えると言います。

「無意識はどこまでやれるのかな？」だけを思いながら他のことは何も考えないで作業を続けていると、こんな面白いことが起きるのです。

7 「自分褒め」で常にモチベーションを高く持つ

不安を現実にしてしまう意識を追い出せ！

「あー、またやっちゃった！」とか「また、失敗しちゃったじゃないか！」と気が付いたら頭の中で自分を責めていることって多いものです。

意識的な人であればあるほど「ここがダメ」とか「あそこがダメ」とダメなところばかりに意識が向いてしまって、自分にも相手にもダメ出しをしてテンションをどんどん下げてしまいます。

意識は「ダメな自分」や「努力をしてもちっとも変われない自分」が現実であると思い込ませます。だから「また失敗をしちゃった」とパートナーに愚痴り、「あなたはよく頑張っているわよ！」と褒められても、「ただの慰めであって、それが事実じゃない」って思ってしまうのです。

さらには、せっかく慰めてくれているのに、心の中で「あんたは僕が一生懸命に稼いできているのに、無駄遣いばかりしてよくそんないい加減なことが言えるよな」と失礼極まりないことを考えてしまい、嫌な気分になったりします。

そんな時は、「不安に思う意識を追い払ってしまえば、無意識が助けてくれて楽しい現実が目の前に広がっていくのではないか」、そう考えてみるといいでしょう。

意識が好きなことは「ダメ出し！」と「決めつけ！」です。

であれば、意識が好きなことをやらずに、「褒める！」や「決めつけない！」ということをしていけば意識を追い出すことができ、面白い無意識の世界を見せてくれるのでは？と考えるのです。

この時、意識から「そんなことない！」と突っ込みを入れられないように漠然と自分のことを褒めるようにします。「よくやっている！」とか「すばらしい！」という言葉を、気が付くたびに自分自身にかけていくのです。

そうしていると「めちゃくちゃよくやっている！」とか「最高だよな！」という言

葉も自分の中から出てくるようになります。これは「意識」が褒め言葉で追い出されて「無意識」が働き始めた証拠です。

人に対しても「それじゃわかりにくいじゃん！」とか「そんなやり方じゃお客さんからウケない！」というダメ出しが浮かんできたら意識が働いていると思い、「すばらしい！」とか「いいね～！」と声をかけてみるといいでしょう。

「私って、すげ～！」とか「めちゃくちゃイケてるんじゃない！」というように意識を打ち払ってみると、家でも職場でもモチベーションが落ちることなく「やる気満々！」となって同僚にも家族にも弱みを見せなくなります。弱みを見せなくなると、不思議と尊敬されるので、自然と相手を褒めたくなってきます。そうして周りともどんどんいい関係になっていき、さらにモチベーションが上がって職場でも家でも楽しいかも！というふうに無意識が現実を変えていってくれるでしょう。

「意識」という鬼を追い出し「無意識」という福を入れる

ある女性は、「自分はオドオドしてみんなから馬鹿にされている」とか「パッとしなくて誰からも見向きもされない」や「何をやってもちっとも変われない！」というような職場の悩みを抱えていました。もちろん、家に帰ってからも、そんなことをグルグル考えてしまい、職場であった嫌なことを思い出しては、嫌な気分になって「自分はダメだ」とダメ出しをしてしまっていたそうです。

そこで無意識の助けを借りてみたくなり、「自分を褒める」ことを実践してみました。誰でもはじめのうちは「自分って素敵かも！」とか「結構イケてるかも！」と褒めていたら「違う！ 全然イケてないし何も変わっていない！」と気が重くなって、それを言うのがものすごく億劫になります。

たとえるならば、「意識」という鬼が「無意識」という福を入れるのを邪魔している感じです。そこで、「鬼は外！ 福は内！」の要領で「私ってすごいかも！」とか「結構、これまでの自分から変われるのかも！」と意識が嫌うような言葉を無理やりかけていきます。

その女性の場合は、毎日、朝起きてからすぐに「気分は最高！」とか「結構仕事ができるかも！」ということを頭の中で言うようにすると、「何だかテンションが上がってきた」となったそうです。

こうなるのは無意識が意識よりも断然優位になって、不安を現実にさせないようにしているからなのです。

当然、職場に行ってからも「結構注目されているかも！」とか「期待されているのかも！」と自分に声をかけていきます。

すると自然と背筋が伸びるような感覚があり、今までトイレで化粧なんか直したことがなかったのに化粧直しをするようになったそうです。

そのうち、職場のみんなから「○○さん変わった！」と言われ、「いや、みなさんのほうが変わって素敵になっていますよ！」と周りを自然と褒められるようになっている自分がいてびっくり。

さらには周りから相談されるようになり、頼られるようになり、そして合コンにも誘われるようになって、「あっ、私って本当に魅力的なのかも！」と思えるようになったと言います。

自分を褒めて、不安を現実にしてしまう意識を退散させる方法、ぜひ試してみてください。

無意識
私ってすごいかも！これまでの自分から変われるかもー！
意識
ひゃーー
意識が嫌うような言葉を無理やりかける

8

どうしても意識から抜けられない人はありえないぐらいの失敗をイメージする

意識が働かないぐらいありえないこととは？

相手から断られるのが怖いから「前もって断られるのをイメージをしておこう！」と考えてしまうと「やっぱりそうなった！」となってしまうのは意識が働いて不安を現実にしてくれるから。

このような失敗をイメージすればするほど、不安になって「それが現実になる」と意識が働いて、相手の前で言わなくてもいいことを言い、「やっぱり現実になった！」ということになります。外から見ていると「あなたが余計なことを言わなかったらよかったのに！」や「ちゃんと正直に話をすれば断られなかったのに！」と思うのですが、意識がちゃんと不安を現実にするから「余計なことを言っちゃう〜」や「正直になれない〜」などということが起きてしまうのです。

そんな不安からどうしても抜け出せない人は、前述の「自分褒め」とは逆で「無意識」の助けを借りるために「とことん失敗しちゃう」をイメージしてみるといいでしょう。

「もしかしたら何とかなるかもしれない！」という意識が働かないような、最悪なことを考えて臨むと、実は「意識が働きません！」となるのです。

意識は様々なことを想定して、その対応策をちゃんと考えるのですが、あえて意識はその対応策を無視するように、不安を現実にします。

でも「最悪の最悪」を考えると、意識は対応策を考えられなくなり、「意識が働かない！」となって無意識が起動します。そして、「思わぬすばらしい結果になった！」という現実を導き出してくれるのです。

「お客さんの前で裸踊り」をイメージ？

ある男性は「法人のお客さんの所に行くと緊張するんです！」と悩んでいらっしゃ

いました。

個人事業のお客さんと接していると楽しいのですが、法人のお客さんの所に行くと「うまく説明できなかったらどうしよう?」とか「余計なことを言ってしまって突っ込まれたらどうしよう?」なんて不安になってしまいます。もちろん、その対応もちゃんと考えていきますが、実際にそのような場面では、固まってしまって頭が働かなくなり、それまでの努力がみんなムダになってしまっていたのです。

悩みに悩んだ男性は、自己啓発セミナーで「成功するイメージをしろ!」と訓練を受けたりもしたそうですが「それをすればするほど、失敗のイメージも出てきちゃう!」という感じでうまくいきません。

また、無理やり成功している場面を浮かべてお客さんに話をしても「やっぱりイメージと違ったじゃない!」と、どんどんいつもの失敗の方向に向かってしまいます。

そこで、その男性には「ありえないぐらいの失敗のイメージをする」ことを試してもらうようにしました。

「ありえない失敗」と男性がイメージしてできたのは、「お客さんの前で、突然頭が変になって裸踊りをしてしまう!」というものすごいものでした。

私も、「絶対にありえない！」と思いながらも、その失敗をお客さんの前でやっていることをイメージしてもらっていたら、「あれ？　これってやりきればお客さんから気に入ってもらえるかも？」と思えるようになってきました。

躊躇して恥ずかしそうにやっているから、お客さんが汚いものを見るような感じになっていましたが、飛び抜けて裸になって「やっほ～！」と言いながら楽しそうに裸踊りをしていたら「あっ、お客さんの心をつかめたかも！」となったのです（あくまでもその男性のイメージの中で、です）。

すると不思議と「お客さんが気に入るようなプレゼンができないかもしれない」とか「用意していた資料が求められているものと違っていたらどうしよう？」などという心配がちっぽけなもののように思えてきたそうです。

実際にお客さんの前でうまく説明できなくなっても、あの裸踊りのイメージが出てきて「笑顔」を貫くことができ、「お客さんから気に入ってもらえたかも」となる。ありえないぐらい最悪の失敗をイメージするのも意識へのうまい対処法なのです。

9 ミスを繰り返さないようにする苦手意識の消去法

苦手意識を消去します！

私には「人前で書類を書くのが苦手」という意識があって、銀行などで「書類を記入してください」と言われて書くと、いつも「あ、間違えた！」と見事に銀行員のお姉さんの前で恥をかいてしまいます。

人がいなくても、指定の枠に住所や名前を記入するだけで、「間違えちゃダメ！」というプレッシャーから、「また間違えちゃった！」となり、「本当に苦手意識って嫌っ！」と思ってしまいます。

苦手意識を持っていると、まさに「意識」が働いて「苦手だから失敗しちゃうかも」とか「苦手だから間違えちゃうかも」という不安をご丁寧に現実にしてくれます。

「苦手意識を克服しよう」と意識すればするほど、意識は失敗させる方向に働き、「苦手意識がちっとも克服できない」なんてことになりがちです。

そんな時は、苦手意識を消去する方法を使ってみましょう。自分で自分に対して「暗示」をかけて意識を働かなくすれば、意識は失敗させることができなくなり、「あれ？苦手意識がいつの間にかなくなった」という感じになります。

自己暗示のかけ方は「苦手だな」と感じた時に、「苦手意識は私を謙虚にしてくれるもの」と思ってみるというもの。

例えば先の例で言うと、人前で書類を書く時に「苦手意識がある」と思ったら「この苦手意識は私を謙虚にさせてくれるもの」と思います。

その瞬間に「あれ？緊張がなくなったかも！」となり、字がスラスラかけるようになります。これは種を明かすと、現代催眠療法の「リフレーミング」というテクニックで、枠組みを変えて捉える、という手法を使っています。

「間違えたらどうしよう？」と頭の中がパニック状態でどんどん緊張が増していって失敗していたのが、いつの間にか頭の中が静かになり、「おー、一字一字丁寧にかけるかも！」となるから面白いんです。

謙虚になると上司がただのおじさんに見えてくる？

ある女性は「上司と一対一で話すこと」に苦手意識がありました。

上司を前にすると緊張してしまい、頭が真っ白になって指示されたことがちゃんと頭に入ってこなくなっていたのです。

そして、いつも失敗しては、上司から「なんで言ったことがちゃんとできないんだ！」と怒られます。するとまた緊張して、それが上司にはふてくされたような態度に見え、結果的に上司との関係をどんどん悪くしていってしまいました。

その女性は、このままだと「仕事が続けられないかも」と思い、「この苦手意識は私を謙虚にしてくれるもの」という自己暗示を使ってみることにしたのです。

はじめは「謙虚ってなんのために？」とあまりピンとこなかったそうですが、とりあえず「上司と会うのが嫌だな」と思ったら「この苦手意識は私を謙虚にしてくれるもの」と思ってみるようにしました。

すると不思議と「あれ？　ちょっと緊張していないかも？」となりました。

上司から指示を出される時も「この苦手意識は私を謙虚にしてくれるもの」と頭の

中で唱えます。すると今度は「この上司もただのおじさんじゃない！」とまるで電車の中のおじさんを見ているような感覚で接することができ、話も適当に聞き流せたそうです。

これまでは「ちゃんと聞かなきゃ！」と思って緊張してしまい、話を聞き逃して「あちゃー！」となっていたのが、「ただのおじさん」と思えるようになると自然と力が抜け、話が聞け、そして緊張することなく仕事ができるので、最終的にはミスもなくなりました。

その女性は「何であの言葉だけで上司がただのおじさんに見えたの？」と不思議がり、私に質問してきました。答えは極々単純で、ただ「苦手」とばかり考えていると「自分で克服しなきゃ」となって意識的になってしまいます。でも「この苦手意識は私を謙虚にしてくれるもの」と唱えたら「誰がそれをしてくれているの？」となります。その「誰が？」というのが「無意識」。「自分で克服しなきゃ！」と意識的になっていたのが、この言葉で「無意識に任せよう」と自然と思えるようになり、意識で見ていた世界と違った風景を無意識が見せてくれるのです。それが彼女の場合は「ただのおじさん」であったというわけです。

10 集中して成果を上げるための場所とルーティンを見つけよう

ルーティンで無意識のスイッチをオン！

頭がごちゃごちゃしていると「ちゃんと集中して仕事を終わらせなきゃ！」と思っているのに「あの人は私のことをどう思っているのだろう？」なんて余計なことを考えてしまいます。

すると今度は、あの時のあの人の態度を頭の中で思い返し、「あれ？ いつの間にかこんなに時間をムダにしちゃった！」となってしまいます。

このように「集中しなきゃ！」とか「成果を上げなきゃ！」と意識すればするほど「集中できないかもしれない」とか「成果をちゃんと上げられないかもしれない」という不安を、意識が現実にします。

だから「あ〜あ、やっぱり時間をムダにしちゃって、直前になるまでちっとも手がつけられない」といつものダメな自分から抜けられなくなってしまうのです。

そんな時は、**自分が一番集中できた時、一番仕事で成果を上げた時のことを思い出してみるといいでしょう。**

自分が集中したり、成果を上げる直前にやっていたことは何？　と思い出してみるのです。

そして、思い出せたらそれを「ルーティン化」してしまいます。

ある有名な野球選手がバッターボックスに立った時に必ずやるポーズがあります。バットを垂直に立て、そして、腕をまっすぐにのばしてピッチャーのほうに向けて……、というのを毎回やる。

これが「ルーティン」です。

ルーティンである「動作」に集中することで、「あのピッチャーは僕に嫌がらせをしてくるかも？」とか「あのピッチャーはデッドボールを投げるかも？」なんて考えてしまう意識をオフにして、無意識が使える状態にすることができます。なので、快音を響かせヒットを打つことができるのです。

私の場合で言うと、文章を書く時に「集中したい！」と思ったら、まずは目薬をさしてから、次に耳栓をするというルーティンを行うと無意識が働き、さっきまで騒がしかった頭の中が静かになって、「おー、集中して文章が書ける」となります。

また、カウンセリングの時に「成果を出さなければ」という場面では「右手首の柔軟体操をする」というようなルーティンを行い、揺れている指先の感覚に注目することで、意識をオフにして無意識の助けを借ります。

すると「お～！ものすごく面白いアイディアが湧いてきた～！」ということになるから不思議なのです。

意識的に「いいアイディアを出さなければ！」と一生懸命に考えていてもちっとも考えつかなかったものが、「手を振ってその指先に注目を向けるだけ」のルーティンで「あっ、ひらめいたかも！」となるわけです。

ものすごい成果を上げられた時あなたはどう動く？

ある男性は「売上を上げなきゃいけないのに、ちっとも上げられない！」となって毎日焦っていました。

そこで「成果を上げた時のルーティンを探してみる」ということを試してみることにしました。

ただ、この男性の場合、「成果を上げた時の動作を思い出す」ということが難しかったので「今成果が上げられない自分を頭の中でイメージしてみる！」ということからやってもらいました。

イメージしてみた自分は、背中が丸まっていて、うつむき加減でボソボソ自信なさげに喋っている、というものでした。「これじゃあ、成果が上げられませんよね！」と男性は納得しました。

次に「ものすごい成果を上げられた！」という時の自分をイメージしてもらいました。すると今度は「背筋が伸びていて、自信がある表情をしていますね！」と言います。そこで、その自分のイメージを自信のある表情になる前にちょっと巻き戻してもらいます。そして、再び自分を観察してもらったら「あっ、目を閉じたまま首を大きく後ろにそらし、頭を椅子の背もたれに当てるようにして、大きく深呼吸を3回していますね！」と男性。

実際にそれをその場でやってみたら「あっ、なんでさっきまで気持ちが後ろ向きになっていたんだろう！　っていう感じです」、と言ってさっそく仕事の時に使ってみることにしました。

営業でお客さんと接する前に、背筋をピンと伸ばしたまま、頭を思いっきり後ろにそらして天を見上げるような感じで大きく深呼吸をしてみます。すると「あっ、気分が違う」となります。

さらに、お客さんと接してみると、焦りが全然なくなって、自信を持って商品を勧めることができるようになります。知らぬ間に迷いがなくなっていて、お客さんにも納得して商品を購入していただけるので売上も上がっていきました。

11 商談を有利に進めるためのアンカリングの使い方

「ここぞ！」という場面で無意識を使う

無意識の助けを借りると「すごくうまくいったかも！」ということがどんどん起きますが、ちょっと油断するとすぐに意識が働いてしまって「難しいかも！」となってしまいます。

例えば、商談を進めている時など「ここでちゃんとクロージングをしなければ！」と意識をしてしまうと、「あれ？ お客さんが自分の予測とはまったく違う動きをしている」などとますます焦ってしまい、「ちょっと考えさせてください」とか「まずは持ち帰って検討させてください」と一番聞きたくないセリフを引き出してしまいます。

「ちゃんとクロージングをしなければ！」という「ちゃんと」の背後には「ちゃんと

できなかったらお客さんを逃してしまう」という不安があって、それを意識が「ちゃんと現実にしてくれちゃう」のです。

であるならば「ここぞ！」という場面で無意識をうまく使うにはどうしたらいいのか？ということになりますよね。

そんな時に使えるのが**アンカリング**という方法です。アンカーは船の錨《いかり》という意味。船をある一定の場所に停泊させる時に、錨を下ろして、流されないようにします。

アンカリングのやり方は簡単で、まず「自分が大活躍できた場面」を思い浮かべてもらいます。

例えばその場面が、バレーボールの大会で大活躍をして、チームをまとめ、優勝に導いた自分だったとすると、その自分の姿を頭の中で観察してみるのです。すると「おー、目の輝きが違う！」とか「表情が真剣で赤くなっている！」や「汗をいい感じでかいていて、そんなことも一切気にしていない！」などという自分が見えてきます。

そして、十分に観察したら、その自分の中に入って、その自分の中の感覚を感じていきます。「高鳴る鼓動を感じるけど、緊張している感覚じゃない！」とか「なんか燃えるような熱い気持ちが湧いてくる！」というような感覚を覚えた時に、ゆっくりと軽く左手を握りしめます。

そして、「いつでもここに戻ってこられる」と握りしめた左手に、熱いあの時の感覚を条件付けるのです。そして、ゆっくりと左手を開きます。

これを商談している時の「ここぞ！」という場面で使うとこうなります。

まず、ゆっくりと左手を握りしめます。

すると「あっ、いつもだったらここで弱気になって、お客さんに勧めることができなかったんだ！」ということがわかってきて、不思議と粘り強くお客さんの出方をうかがえるようになってきます。そして、お客さんが何を求めているのかを冷静に観察でき、的確に解決策を提示していくとお客さんは快く「サインしましょう！」となってくれるから「面白い！」となります。

考えてみたらバレーボールの試合の時と一緒だということに気付きます。**負けるものか！　と諦めずにみんなを励ましながら、ボールに集中していた時のあの感覚こそ、無意識の助けを借りていた感覚なんだな、ということがわかるのです。**

アンカリングが別の原因を教えてくれた！

ある男性は「自分の企画をうまく通すことができなくて、会社で認められない！」ということを悩んでいました。

企画は何本も書くのですが「イマイチ面白くない！」とか「そんなアイディアは一般の人には受けないから！」と却下されて、同僚の企画を手伝うことになり、いつまでたっても自分の手柄を立てることができなかったのです。

そこで「アンカリング」のテクニックを使ってみることにしました。「成功した体験」と言われ、自然に浮かんできたのが、兄と自分が成績表を持って帰ってきた時に、兄の成績がひどかったのに比べて自分の成績がよくて、母親から優しい眼差しと温かい手を頭に置いてもらった場面でした。その時の自分を頭の中でイメージして、どや顔になっている表情を観察します。

そして、自分の中に入って、包まれるような安心を感じていたことを思い出しながら左手を軽く握りしめ、「いつでもここに戻ってこられる」と頭の中で唱えて、ゆっくりと左手を広げ、目を開けます。その時男性は、母親の温かさ、優しさを思い出して、涙が出そうになってしまいました。

これをさっそく職場で実践してみます。男性は、企画案を考えている時に、ゆっくりと左手を握りしめました。

そして、迷うことなく企画書をスラスラと書いているうちに「あっ、もしかしてこれまでの自分の企画が悪いんじゃなくて、企画をプレゼンテーションする時に問題があったのかも」ということに気が付いたそうです。

そこで今度は、上司にプレゼンをする前に、ゆっくりと左手を握りしめてみました。すると「あれ、スラスラと言葉が出てくるかも！」となったのです。

いつもだったら「上司からどんなツッコミをされるんだろう？」とビクビクし、自信なさげに喋ってしまうところが、左手を握りしめながらプレゼンをしていると「どうだ、すごいでしょ！」という感じで話ができ、プレゼンが終わると上司からは「なかなかいいじゃないか！」と褒められたそうです。

アンカリングによって呼び起こされた安心感が、その男性に気付きを与えてくれ、さらには自信を持たせてくれたのです。

12 相手の無意識をくすぐりチームのやる気を引き出してみる

そこにないものを想像させ無意識を起動する

無意識は、もちろん自分だけが使っていても楽しいのですが、チームで無意識を使うとさらに楽しさが倍増します。

チームでプロジェクトを完成させなければいけないような時を思い浮かべてみてください。例えば朝のミーティングで「みなさん、期限通りにお客さんに迷惑をかけないよう、プロジェクトを完成させましょう！」というようなことを訓示としてスピーチしたとしましょう。

この場合、「期限を守って」とか「お客さんに迷惑をかけない」などと言ってしまうと意識が働き、その意識が不安を現実にさせてしまうので「思いがけないトラブルが起こった！」とか「やっぱり期限ギリギリになって間に合わないかも！」という状況が起きてしまいます。

そうならないためにチームのメンバーにミーティングを通して無意識が使えるよう、あらかじめマインドをセットしてしまうことができます。

意識は「常識」とか「現実」で強化されますが、無意識は「非日常」や「非現実」などで起動します。

具体的に言うと、メンバーの無意識を起動させるには「そこにないもの」を想像させたり、「現実に起きていないこと」を想像させたりすることが有効となります。

先のスピーチで言うと「このチームでは間に合わない、とバカにしていたお客さんの顔を、〝やられた！〟〝すごいかも！〟と驚く顔に変えてやりましょう！」というように変えてみるのです。メンバーに「お客さんの驚いた顔」を想像させることで、現実的になっていた意識が消えて、無意識が働くようになります。

さらに「このチームに参加できず、プロジェクトの打ち上げのパーティで、私たちの自慢話を聞いてうらやましがる人たちの顔が今から浮かぶようです」という具合に言うと、「早くプロジェクトを終えて、みんなで祝杯を挙げている場面」は未来を想像させることになり、メンバーの無意識が働き「仕事が思っていたよりもスラスラ進むじゃないか～」という具合になります。

無意識が「仕事ができないチーム」を変えていく

働かない部下を持つある男性が、この話を聞いて「自分にもできますかね？」とちょっと嬉しそうに帰っていきました。

いつも、部下の仕事が遅いから、自分が仕事を抱えて、部下に雑用を任す感じになっていて「ちっとも仕事が進まない！」とか「自分のチームが評価されないし、自分の評判も全然上がらない！」となっていたのです。

そこで、その男性は「ないことを想像させる」ということをしてみました。

部下に仕事を頼む時に「あなたの成長をちゃんと部長が見ていたみたいで、すごく嬉しそうな表情をしていたよ！」と伝えます。

するといつもだったら、すぐに「これ、わからないんですけど！」と質問をしてくるはずが、ちっとも聞いてこなくて「あれ？」と思っていたら、「出来上がりました！」

と、いつの間にか仕事を終えていてびっくり。

そして、「いや〜！ 部長はあなたのこの能力をちゃんと見てくれていたんだな」と伝えると、ものすごく嬉しそうに次の仕事に取りかかってくれたそうです。

さらに、他の部下にも「あなたがこの仕事をやりとげたら、これを使うエンドユーザーは『誰がこんなすばらしいものを作ったんだろう？』って思うんだろうな〜」と伝えて仕事を渡します。

するとやはりいつもだったら、途中で仕事を放り投げてしまっていた部下が、一生懸命に自分で調べて仕事をしていて「お〜、いつもと違う！」となります。

そうするうちに、いつの間にか部下の代わりに仕事をする必要がなくなって「びっくり！」となります。さらに、個々の仕事を見ると「本当にこいつはすごいのかも！」というぐらいの出来ばかりで、本当に驚いたと言っていました。

かつては「うちのメンバーは仕事ができない！」と思っていたのが、メンバーの無意識をくすぐるようになってから、チームの成績もどんどん上がり、自分の時間も増えていく。「メンバーに無意識を使わせるこの方法はもうやめられない」。男性は笑顔でそう言っていました。

エピローグ

最後まで読んでいただき本当にありがとうございました。

無意識の世界、いかがでしたでしょうか？

無意識の助けを借りて変わった方には不思議な共通点があります。

それは「自分は変わった！」という自覚をあまり持てていないということです。なぜなら、無意識で生きる自分が本来の自分の姿で、「元の自分に戻った」というだけだから。なので、本人は「何が変わったの？」という感じになってしまうのです。

しかし、自分が無意識で生きていけるようになったら、「あれ？　周りの人が変わってきた？」と感じるようになります。

以前だったら非協力的だった部下が協力的になって、「以前よりも仕事に積極的になっている！」とか、「お～！　チームワークが以前と全然違って仕事の効率が凄い！」

となってくるのです。

もちろん仕事だけでなく、自分が無意識の助けを借りて自由になっていくと、「あれ？　意地悪だったパートナーが優しくなった？」ということが起きたりもします。

あれほど努力をしてもちっとも優しくならなかったパートナーが「何も言っていないのに親切にしてくれるようになった！」と変化してきたりします。

また、「子供から尊敬されたい」と思っていても、ものすごく失礼な態度を取られて「ムカつく」となっていたのが、無意識の助けを借りるようになると「あれ？　ちゃんとあいさつするようになっている」とか、「えっ！　今まで相談なんかしたことがなかったのに私に相談するようになってきた」などと、いつの間にか理想としている家族になっていたりします。

一人の無意識が周りの人に影響を及ぼし、周りの人たちがどんどん変わっていく。

それを見ることで「あっ、自分が変わったから周りの人が変わったんだな」と思えてくる。それが無意識の助けを借りて生きていくということなのです。

そして、そんな変化の気づきが一つ、また一つと増えていけば、あなたの住む世界はどんどんラクなものに変わっていくことでしょう。

そもそも私が「無意識の助けを借りよう」とするのは、これまで意識で考えて不安になればなるほど、意識がその現実を作り出してしまっていたからです。

無意識の助けを借りたら不安になるどころか、予想外の展開がどんどん起き、楽しくて仕方がありません。そして、いつの間にか「みんなが無意識の助けを借りられるようになっている」となったりします。

「私が苦労して見つけた方法なのに、みんな当たり前のように無意識を使って自由になるなんてずるい！」と思いたくもなるのですが、そんなことを考えていると妙に楽しい気分になって笑顔になってしまうのです。

そして、私の笑顔につられて、いつの間にかみんなが笑顔になっていきます。

ある女性は「職場で能力が発揮できない！」という悩みでカウンセリングにいらっしゃいました。

単純に職場で能力が発揮できるようになればいいのかな？　と思っていたら「同僚が全然仕事ができないのに威張っていてムカつく！」とか「無能な上司に振り回されているから仕事に集中できない！」などの問題がたくさん出てきます。

さらに「家に帰ったら、隣の家の音がうるさい！」、そして「近所の人の態度が最悪！」「夫がケチで意地悪で人の気持ちがわからない最低人間だ！」などの話が次から次へと出てくるのです。

女性はそれらの問題を一つひとつカードに書いてきていて、分厚い束のカードを一枚一枚めくって「無能な上司が自分のことを理解していなくてダメ社員を優遇してムカつく！」などと読み上げていきます。

あまりにもたくさんのカードがあって、すべて読み終わる頃にはカウンセリングの時間が終わってしまいました。

カウンセリングの中では聞いているだけしかできなかったので、最後にこれまで本書に書いてきた「無意識の助けを借りる方法」の中からを一つだけお伝えし、「帰ってからさっそく試してみます」と言っていただきました。

すると次週になったら「あれ？　問題カードの厚みがちょっと減っている？」となっ

たのです。しかし、ご本人は「何も変わっていません」とおっしゃいます。そこで、さらに「無意識の助けを借りる方法」をお伝えして試していただきます。すると次の回にいらっしゃった時には「あれ？　カードが半分になった！」とちょっとうれしくなります。

カードの内容を聞いてみても「無能な上司」とか「仕事ができない同僚」などの話は出てこなくなっていました。どうやら上司も同僚も女性の仕事を手伝ってくれるようになって、以前よりも自由に仕事ができるようになったようです。

はじめは「百万円の札束か！」と思えるぐらい厚みのあった問題カードが、無意識の助けを借りていたら、いつしか数枚になっていました。

無意識の助けを借りて、カードが少なくなっていけばいくほど表情は生き生きとし始め、顔のむくみはいつの間にかなくなって、若返った印象を受けます。

そしてキラキラとした笑顔で「でも、何も変わっていないんです！」とおっしゃる姿がとっても印象的でした。

旦那さんからも周りの同僚からも「若くなってきれいになった」と言われているの

に「何も変わっていない」とキラキラとした笑顔でおっしゃるその姿を見て、私はふと自分の子供の頃のことを思い出しました。

それは、夕日に照らされている公園で友達と鬼ごっこをして遊んでいた時のこと。鬼になって友達を追いかけ、捕まえては今度は友達に追いかけられ、笑いながらまた一生懸命に走って逃げ、ということを繰り返しているうちに友達と笑いが止まらなくなり、「このままずっと楽しい時間が続けばいいのに」と思ったことが浮かんできたのです。

もしかしたら、無邪気に楽しんだあの頃のように、自由に楽しく無意識と一緒に遊びたいから、意識は問題を作る鬼を演じてくれているのかも。

無意識の助けを借りるようになったら、意識と無意識が楽しそうに駆けまわる。そして、意識と無意識が一緒に遊んでいるうちに様々な問題は次から次へと消えてしまう。意識は「今度はあんたが鬼！」と問題を見つけ、笑いながら無意識に意識は追いかけまわされていく。

そして、無意識に意識が捕まって問題が解決すると、「また別の問題」と意識が今度は鬼になって、笑う無意識を追いかけて、走りまわる……。

そんな光景が女性の笑顔を見た時に私の中に浮かんできたのでした。

意識と無意識が自由に遊びまわればまわるほど、本来の女性の姿に戻っていきます。

そう、無邪気に遊びまわっていたあの子供の頃のように、時を忘れて意識と遊び続けることができるのです。

彼女の周りを自由にしながら。そして、あなたの周りを自由にしながら……。

自分が変われば、周りも変わる。無意識の世界って本当にすばらしい！

本書を読み終えて、少しでも多くの人にそう思っていただけたなら、これ以上の喜びはありません。

著者紹介

大嶋信頼（おおしま・のぶより）

心理カウンセラー／株式会社インサイト・カウンセリング代表取締役
米国・私立アズベリー大学心理学部心理学科卒業。アルコール依存症専門病院、周愛利田クリニックに勤務する傍ら東京都精神医学総合研究所の研修生として、また嗜癖問題臨床研究所付属原宿相談室非常勤職員として依存症に関する対応を学ぶ。嗜癖問題臨床研究所付属原宿相談室室長を経て、株式会社アイエフエフ代表取締役として勤務。現在、株式会社インサイト・カウンセリング代表取締役。ブリーフ・セラピーのT.F.T.（Thought Field Therapy）を学び認定トレーナー資格取得。ブリーフ・セラピーのFAP療法（Free from Anxiety Program）を開発しトラウマのみならず多くの症例を治療している。カウンセリング歴24年、臨床件数7万9000件以上。
著書に『ミラーニューロンがあなたを救う!』『支配されちゃう人たち』『無意識さんの力で無敵に生きる』『それ、あなたのトラウマちゃんのせいかも?』『言葉でホルモンバランス整えて「なりたい自分」になる!』『あなたを困らせる遺伝子をスイッチオフ!』（以上、青山ライフ出版）、『「いつも誰かに振り回される」が一瞬で変わる方法』（すばる舎）、『小さなことで感情をゆさぶられるあなたへ』（PHP研究所）など多数。

「気《き》にしすぎてうまくいかない」がなくなる本《ほん》　〈検印省略〉

2018年　5　月　28　日　第　1　刷発行
2018年　7　月　18　日　第　5　刷発行

著　者――大嶋 信頼（おおしま・のぶより）
発行者――佐藤 和夫

発行所――株式会社あさ出版
〒171-0022 東京都豊島区南池袋 2-9-9 第一池袋ホワイトビル 6F
電　話　03 (3983) 3225（販売）
　　　　03 (3983) 3227（編集）
F A X　03 (3983) 3226
U R L　http://www.asa21.com/
E-mail　info@asa21.com
振　替　00160-1-720619

印刷・製本　神谷印刷(株)

facebook　http://www.facebook.com/asapublishing
twitter　http://twitter.com/asapublishing

ISBN978-4-86667-057-7 C0030